ゴルギアス

プラトン

三嶋輝夫 訳

講談社学術文庫

In dankbarer Erinnerung
an Herrn Professor Felix Heinimann (1915-2006),
den ausgezeichneten Philologen und Erzieher

（卓越せる文献学者にして教育者、
フェリックス・ハイニマン教授の霊に感謝を込めて）

目次

凡　例

・翻訳の底本としては、E. R. Dodds (ed.), *Plato: Gorgias*, A Revised Text with Introduction and Commentary, Oxford University Press, 1959 を用い、適宜、バーネット版プラトン全集などのテクストも参照した。詳細については、巻末「文献表」を参照されたい。

・訳文の上段に付した数字とアルファベットは、ステファヌス版プラトン全集（一五七八年）の頁と段落を示している。

・同じギリシア語の単語・文章でも、前後のつながりを考慮し、また表現の繰り返しを避けるために、別の訳をあてている場合がある。

・意味をとりやすくするために、適宜、引用符を用いるとともに、原文のままでは文意が不明確な箇所については日本語を補って訳出した。

・引用符以外に訳文中で用いた記号は以下のとおりである。

［　］　小見出しおよび、テクストの読みに問題がある箇所

〈　〉　訳者による強調

（　）　訳者による補足

・ギリシア語を記す必要がある場合はローマ字表記で統一した。なお、カタカナ表記の場合、母音

の長短については従来の慣用に従った。

・文献のうち、複数の著作がある著者については、出版年を併記した。また、出版年が同じである場合は、アルファベットを付して区別した。

ゴルギアス

弁論術について

［プロローグ　ゴルギアスとは何者か］

447A

カリクレス　戦（いくさ）や闘い[*1]にはこんなふうに加わるべきだと言われているね、ソクラテス。

ソクラテス　とすると、僕たちは諺（ことわざ）で言う「祭りのあとに」遅れてやって来たということになるのかね。

カリクレス　それも、とても洒落（しゃれ）たお祭りのあとにね。というのも、ちょっと前に、ゴルギアスが素敵なことをたくさん僕たちに披露してくれたところだからだ。

ソクラテス　遅れた原因はね、カリクレス、実はこのカイレポンにあるのだよ。僕たちにアゴラ[*2]で時間を潰さざるをえないようにさせたのだからね。

B

カイレポン　まったく問題ありませんよ、ソクラテス。その埋め合わせも僕がしますから。ゴルギアスは僕とも親しいので、僕たちにも披露してくれることでしょう。よければ今でも、あなたがお望みとあらば別の機会にでも。

カリクレス　何だって、カイレポン。ソクラテスがゴルギアスの話を聞きたいっていうのかい。

カイレポン　まさにそのために、僕たちはここにいるというわけさ。

カリクレス　そういうことなら、いつでも君たちが僕の家のほうに来たいと思う時に来たまえ。ゴルギアスは僕のところに泊まっていることだし、君たちにも披露してくれるだろうからね。

C ソクラテス　それはご親切に、カリクレス。でも、彼は僕たち相手に議論を交わすこ[*3]とに同意してくれるだろうか。というのも、あの人の技術にそなわる力とはいったい何なのか、彼から聞かせてもらいたいからだ。また、彼が教えると公言している事柄はいったい何なのか、ということもね。それ以外の腕前の披露については、[*4]君が言うように、また別の機会にしてもらうことにしよう。

カリクレス　それなら本人に質問するに如かずさ、ソクラテス。それもまた彼の腕の見せどころの一つなのだからね。実際、今しがたも、中にいる者たちの誰かが尋ねたいなら何でも質問するように命じて、そのすべてに答えてみせると請け合っていたところなのだ。

ソクラテス　君の言うことは実にけっこうだね。それでは、カイレポン、一つ彼に尋ねてみてくれたまえ。

カイレポン　何を尋ねることにしましょうか。

D ソクラテス　彼は何者なのか、をね。

カイレポン　いったいどういう意味ですか。

ソクラテス　例えば、仮に彼がたまたま履き物を作る職人だったとしたら、きっと靴作りであると君に答えることだろう。それとちょうど同じ意味でだよ。それとも、僕が何を意味しているか、君には分からないかね。

カイレポン　分かりました。尋ねることにしましょう。

僕に言ってください、ゴルギアス。このカリクレスが言うには、人があなたに何を質問しようとも答えてみせるとあなたは公言されているそうですが、それは本当でしょうか。

448A **ゴルギアス**　本当だとも、カイレポン。実のところ、今しがたもまさにそのことを公言していたところだし、言わせてもらえば、これまで長年にわたって、何か目新しいことを質問した者は誰一人いなかったのだ。

カイレポン　それなら簡単に答えられることでしょうね、ゴルギアス。

ゴルギアス　そうかどうか試してみてもいいのだよ、カイレポン。

ポロス　とはいっても、ゼウス[*5]に誓って、君さえよければ、カイレポン、この僕を試してみてくれたまえ。というのも、ゴルギアスさんはさぞお疲れのことと僕には思われるからだ。だって、今しがた多くのことを詳しく論じられたばかりだからね。

カイレポン　何だって、ポロス。君はゴルギアスより立派に答えられるとでも思っているのかね。

B **ポロス**　それがどうだというのかね。もし君にとってさえ十分なら。

カイレポン　全然。いや、君がそうしたいというのなら、答えてくれたまえ。

ポロス　質問したまえ。

カイレポン　もちろん質問するとも。もしゴルギアスがたまたま彼の兄弟のヘロディコス[*6]と同じ技術の識者だったとしたら、彼を何と呼んだら正しく呼んだことになるだろうか。兄弟を呼ぶのとちょうど同じ名前で、ではないだろうか。

ポロス　確かに。

カイレポン　だとすると、彼を医者だと言えば、ふさわしく語ったことになるのだ。

ポロス　そうだ。

カイレポン　だが、アグラオポンの息子のアリストポン[*7]やその兄弟が識者であるところの技術に習熟しているとしたら、彼のことを何と呼べば正しく呼んだことになるだろう。

C　ポロス　言うまでもなく、画家とだ。

カイレポン　それでは、ゴルギアスは何の技術の識者であるがゆえに、彼を何と呼べば正しく呼んだことになるのだろう。

ポロス　カイレポンよ、人の世にある数多(あまた)の技術は、経験に基づいて、経験を通して見出されてきたのだ。なぜなら、経験はわれわれの人生を技術に従って歩ませるのに対して、経験の欠如は行き当たりばったりの偶然任せに歩ませるからだ。しかるに、個々の技術については各々が各々の仕方で携わるのだが、最も秀でた技術には最も秀でた者が与(あずか)るのである。このゴルギアスさんもまたその一人であり、技術の中でも最も素晴らしいものに与っていらっしゃるのだ。

D ソクラテス　ゴルギアス、ポロスは演説にかけては実に見事に準備ができているように見えますね。とはいっても、カイレポンに約束したことは果たしていませんが。

ゴルギアス　いったいどうしてかね、ソクラテス。

ソクラテス　私には、彼が尋ねられていることにまったく答えていないように思えるからです。[8]

ゴルギアス　それなら、よければ君が彼に尋ねてみたまえ。

ソクラテス　いや、そうではなくて、あなた自身が答えてくださるのであれば、ずっと喜んであなたにお尋ねするところなのですが。というのも、これまでの話しぶりから見て、ポロスが議論を交わすことよりも弁論術と言われるもののほうの練習を多く積んできたことは明らかですから。

ポロス　いったいどうしてですか、ソクラテス。

E ソクラテス　というのはね、ポロス。カイレポンはゴルギアスが何の技術の識者なのか尋ねているのに、君ときたら、まるで誰かに悪口を言われでもしているみたいに、[9]ゴルギアスの技術を褒め称えはしたけれど、それがどんな技術であるかについては答えてくれなかったからだよ。

ポロス　それは最も素晴らしい技術だ、と答えたではありませんか。

ソクラテス　確かに。だがね、誰もゴルギアスのもつ技術が〈どのような性質のも

の〉なのかなどと聞いているのではなくて、それが〈何〉なのかを聞いているのだ。[*10] そ
して、ゴルギアスのことを何と呼ぶべきなのかを尋ねているのだ。さっきカイレポンが
449A 君に問いを出し、君が彼に対してとても上手に手短に答えたのと同じように、今度もそ
ういうふうに言ってくれたまえ。つまり、彼の技術は何であり、われわれはゴルギアス
のことを何と呼ぶべきなのかをね。でも、それよりも、ゴルギアス、ご自分の口からわ
れわれにおっしゃってください。あなたが何の技術の識者であるがゆえに、あなたを何
と呼ぶべきなのかを。

ゴルギアス　弁論術の、だよ、ソクラテス。

ソクラテス　とすると、弁論家とあなたを呼ぶべきなのでしょうか。

ゴルギアス　それも、優れた、とね、ソクラテス。ホメロスの言うがごとく、[*11] まさに
わが誇りとするところのもので君が僕を呼んでくれるとするならば、だが。

ソクラテス　いや、そうします。

ゴルギアス　では、そう呼んでくれたまえ。

ソクラテス　それでは、あなたは他の人たちも弁論家にすることができる、とわれわ
B れは言ったものでしょうか。

ゴルギアス　それこそまさに、僕がここだけでなく、他のところでも公言していると
ころだ。

ソクラテス　では、ゴルギアス、今われわれが議論を交わしているのとちょうど同じ

C

仕方で、つまり一方が質問し、他方がそれに答えながらという仕方で最後まで通していただくことに同意していただけるでしょうか。まさにポロスが始めようとしたような例の長広舌は、またの機会にとっておくことにしていただいて。いや、約束されたことを反古(ほご)にしないで、尋ねられたことに手短に答えることに同意してください。

ゴルギアス　ソクラテス、答えの中には多くの言葉を費やして説明しなければならないものもあるのだよ。とはいうものの、僕としては、できるだけ簡潔に答えるよう努めることにしよう。というのもね、それもまた僕が主張していることの一つだからだ。同じ事柄について僕より簡潔に言い表すことのできる者は誰一人いないということもね。

ソクラテス　それこそ、必要なことなのです、ゴルギアス。そこで、私相手にも、まさにそちらの腕前を披露してください。つまり、簡潔話法のほうを、です。長広舌のほうはまたの機会にしていただいて。

ゴルギアス　いや、そうすることにしよう。そうすれば、君だって、それより簡潔な話を誰からも聞いたことがないと言うだろう。

訳註

＊1　polemos を「戦（いくさ）」、machē を「闘い」と訳した。一般に polemos は戦争全体を、machē は個別の戦闘を表すとされる。

＊2　当時のアゴラは、単なる市場・広場ではなく、多くの公的機関が集まったアテナイの司法・行政の中心であり、まさにカリクレスの言う「国の中心」（四八五D五）であった。

＊3　「議論を交わすこと」の原語は、動詞 dialegomai のアオリストの不定詞 dialechthēnai. 一問一答で対話することを指す。

＊4　ドッズは「君」をカイレポンととっているが、カリクレスを指す可能性も排除されないであろう。Cf. Dodds (ed.), 190.

＊5　ゼウスは、オリュンポスの一二神の主神。なお、原文の Nē Dia をどうとるべきかについては、ドッズの註を参照（Dodds (ed.), 191）。

＊6　ヘロディコスは、ゴルギアスの兄弟で、医者。

＊7　父親のアグラオポンも息子たちも、タソス出身の画家。アリストポンの兄弟のポリュグノートス（前五世紀に活躍）は特に有名。

＊8　ソクラテスの点数は辛いが、アリストテレス（前三八四―前三二二年）はポロスの主張を評価している。アリストテレス『形而上学』第一巻、九八一a三―五参照。

＊9　原文は hōsper tinos psegontos と能動形の絶対的属格であるが、受け身的に訳す。

＊10　ここで初めて導入される〈どのような性質のもの（poia tis）〉と〈何（tis）〉の区別は、以下の議論

の中で重要な役割を果たすことになる。

＊11　ホメロス『イリアス』六・二一一行など参照。

［第一幕　ゴルギアス対ソクラテス］

［弁論術とは何か――その方法と対象］

ソクラテス　さあ、それではお願いします。あなたはほかならぬ弁論の技術の識者であり、さらにまた他の人も弁論家にしようと思えばできるとおっしゃっていますが、その弁論術なるものは世にあるものの中でも、いったい何に関するものなのでしょうか。例えば、機織り(はた)の術であれば衣服の製作に関するものである、というように。そうではありませんか。

D

ゴルギアス　そうだ。

ソクラテス　それからまた、音楽の術も楽曲の創作に関わるのではありませんか。

ゴルギアス　そうだ。

ソクラテス　これはヘラ女神[*2]に誓って、ゴルギアス、あなたのお答えは実にけっこうです。できるだけ簡潔に答えてくださっているのですから。

ゴルギアス　僕としても、ソクラテス、かなりいい線いっていると思うよ。

ソクラテス　ごもっともです。さあ、それでは弁論術についても、その調子で私に答えてください。それが世にあるものの中の何に関しての知識なのかを。

E ゴルギアス　言論に関してのだよ。

ソクラテス　どのような性質の言論に関してでしょうか、ゴルギアス。それは病人たちに、どのように養生すれば健康になれるかを説き明かす言論でしょうか。

ゴルギアス　いや。

ソクラテス　とすると弁論術は、少なくともあらゆる言論に関わるものではないことになりますね。

ゴルギアス　もちろん違う。

ソクラテス　そうはいっても、それは人々を語る能力のある者にすることはできるのです。

ゴルギアス　そうだ。

ソクラテス　それでは、それについて語ることができるようにさせる事柄に関しては、思慮を働かせることもできるようにするのではないでしょうか。

ゴルギアス　当然だ。

450A ソクラテス　それなら、今言及されたばかりの医術は、病人たちに関して思慮を働かせるとともに説明することもできるようにさせるのでしょうか。

ゴルギアス　そうでなければならない。

ソクラテス　とすると、医術もまた言論に関わるもののようですね。

ゴルギアス　そうだ。
ソクラテス　それは病気に関する言論のことですね。
ゴルギアス　もちろん。
ソクラテス　だとすれば、体育術もまた、身体の良好な状態と悪い状態に関する言論ということになるのではないでしょうか。
ゴルギアス　いかにも。
ソクラテス　そればかりか、それら以外の他の技術もまた、ゴルギアス、同様なので
B す。つまり、個々の技術は、まさにそれぞれの技術が対象とする当の事柄についての言論に関わるのです。
ゴルギアス　そのようだね。
ソクラテス　では、いったいどうして、あなたはそれ以外の諸技術のことを弁論術と呼ばれないのでしょう。それらも言論に関わるものなのに。何であれ、言論に関わる技術でありさえすれば弁論術と呼ばれるのだとすればですね。
ゴルギアス　それはね、ソクラテス、その他の諸技術についての知識は、その全体が手仕事やそれに類した作業に関わると言ってもいいくらいなのに対して、弁論術にはそのような手作業によるものは何一つなく、それを実際に用いることも、その目的を達成することも[*3]すべて言論によってなされるからだよ。
C そういうわけで、僕は弁論術を言論に関わるものとみなすのだ。僕としては、正しい

ことを言っていると主張したいところだね。

ソクラテス　はて、あなたがそれをどのようなものだとおっしゃりたいのか、私に分かっているのかどうか……すぐにもっとはっきり分かることになるのでしょうけれども。では、一つ答えてください。われわれはさまざまな技術をもっていますね。そうではありませんか。

ゴルギアス　そうだ。

ソクラテス　実際、私が思うところでは、技術全体の中で、あるものはその大部分が制作作業であって言葉は少ししか必要とせず、またあるものは言葉はいっさい必要としないで、その技術の仕事は黙ったままでも仕上げられるのです。例えば、絵を描く技術 D とか、彫像を制作する技術とか、他の多くの技術のようにですね。あなたがそれに関しては弁論術であることを認めようとされないのは、そうした技術のことをおっしゃっているように私には思えるのですが。そうではありませんか。

ゴルギアス　これはものの見事に理解してくれたね、ソクラテス。

ソクラテス　ところが、技術の中には、言葉によってすべてを成し遂げ、作業はいわば何一つ、あるいはごくわずかしか必要としないような別の技術もあるのです。例えば、数論[*4]や計算術[*5]や幾何学や将棋術や他の多くの技術です。そのうちの若干のものは作業とほぼ同じ程度の言論を用いますが、大多数のものはずっと多くの言論を用い、総じて E それらの技術の遂行全般と目的の達成は言論によるのです。弁論術はそうしたものの一つであるとあなたがおっしゃっているように、私には思えるのですが。

ゴルギアス　そのとおり。

ソクラテス　しかし、そうはいっても、あなたとしては、そのうちのどれ一つとして
弁論術と呼びたいとは思っていらっしゃらないように私には思えるのです。確かに、言
葉の上ではそのように、つまり言葉で仕事を達成する技術が弁論術だとおっしゃったの
で、誰かが議論で嫌がらせをしようと思えば、こう反論することもできるでしょうけれ
ども。「それなら、ゴルギアス、君は数論のことを弁論術だと言うのかね」と。
でも、私は数論と幾何学のいずれについても、あなたが弁論術と呼ばれるとは思いま
せん。

ゴルギアス　君の考えは実に適切だし、ソクラテス、正しく理解してくれているね。

451A ソクラテス　さあ、それでは今度はあなたもまた私の質問に沿った仕方で答えを仕上
げてください。実際、弁論術は大部分が言論を用いるような技術のうちの何かではある
にしても、他にもそのような技術があるとすれば、言論の中でも何に関して仕事を達成
する技術が弁論術なのか、おっしゃるように努めてください。
例えば、今しがた私が挙げたさまざまな技術のうちのどれについてでもよいのです
が、誰かが私にこう尋ねたとしてみてください。「ソクラテス、数論とは何なのかね」
B と。私はその人に対して、たった今あなたがおっしゃられたように、言論によってその
仕事を達成するものの一つだと言うことでしょう。そして、その人が「何を対象とする

技術の一つなのかね」と私に重ねて尋ねたとしたら、私はこう答えるでしょう。つまり、偶数と奇数を対象とする技術の一つだ、と。それぞれの数がどのような大きさであろうとも、ですね。

そこでまた、「では、計算術については、どのような技術だと君は言うのかね」と尋ねるとしたら、それもまた言論によってすべてを達成する技術の一つだと私は言うことでしょう。さらにまた「何を対象とする？」と尋ねたら、ちょうど民会で修正案を起草する者たちと同じように、こう言うでしょう。つまり、他の点については計算術も数論と同様であるが——というのも、それも同じもの、すなわち偶数と奇数を対象とするからです——、計算術のほうは、奇数と偶数が自分たち同士、およびお互いに対して量的にどのような関係にあるのかを考察する[*6]という点だけが異なっているのだ、と。

C そして、誰かが天文学について質問し、私が天文学もまた言論によっていっさいを成し遂げるのだと主張した時に、もしその人が「では、天文学の言論は何を扱うものなのかね、ソクラテス」と言うとしたら、私としては、星と太陽と月の運動に関して、速度の点で、お互いにどのような関係にあるのかを扱う言論だ、と答えることでしょう。

ゴルギアス　君の説明は正しいと思うよ、ソクラテス。

D ソクラテス　それでは、一つあなたにもお願いします、ゴルギアス。まさに弁論術もまた、すべてを言葉で成し遂げ、達成するものの一つでしたね。そうではありませんか。

ゴルギアス　そのとおりだ。
ソクラテス　では、それは何に関してそうする技術に属するのか、ぜひおっしゃって
ください。弁論術が用いる言論が扱う対象は、世にあるもののうちの何なのかを。
ゴルギアス　それはね、ソクラテス、およそ人間に関わりのあるものの中でも最大に
して最善のものだ。
ソクラテス　いや、ゴルギアス、おっしゃるところについては議論のあるところでも
あれば、いまだに何一つはっきりしてもいないのです。というのも、あなたは宴会の席
E で人々が次のような歌を口ずさむのをお聞きになったことがあると思うからです。連中
は歌いながら「一番善いのは健康で、二番は姿の美しさ。三番目は」――と歌の作者は
言うのですが――、「ごまかさずに貯めた金[*7]」と数え上げるのです。
ゴルギアス　聞いたことがあるとも。でも、何のためにそんなことを言うのかね。
ソクラテス　それは、こういうことです。例えば、今、突然この場に、その歌の作者
452A が称えている善いものを作り出す人たち――つまり、医者に体育教師に実業家のことで
す――があなたの傍らに姿を現したとします。そして、まず第一に医者が口を開いて、
「ソクラテス、ゴルギアスは君を騙しているのだ。というのも、人間にとって最高に善
いものに関わるのは、この人の技術ではなく、私の技術だからだ」と言ったとします。
そこで、私が彼に「あなたはいったい何者なので、そういったことをおっしゃるのです
か」と尋ねたとしたら、おそらく医者である、と言うことでしょう。

そこで私が「それはどういう意味でしょう。あなたの技術のなせる業こそが最高に善いものだとでも？」と尋ねるなら、たぶんその人は言うことでしょう。「もちろんだとも、ソクラテス。だって、健康はまさにその技術がもたらす業なのだからね。いった
B い、人間にとって、健康にまさるような、どんな善いものがあると言うのかね」と。

彼のあとに今度はまた体育教師が「僕自身だって驚いてしまうだろうね、ソクラテス。もしゴルギアスが、自分の技術がもたらす善いもののほうが、この僕が自分の技術の作り出す善いものとして示せるもの以上に善いものであることを君に示せるとするならばね」と言ったなら、私はその人に向かっても言うことでしょう。「そう言うあなた、あなたはいったい何者なのですか。それに、あなたが成し遂げる仕事は何なのですか」と。すると、彼は「体育教師さ。僕の仕事は、人々を美しく強い身体の持ち主にすることだよ」と主張するでしょう。

その体育教師のあとには、実業家が言うことでしょう。思うに、他のすべての者たちをすっかり馬鹿にしながら。
C 「とくと調べてみたまえ、ソクラテス。ゴルギアスのもとにであろうと、あるいは他の誰のもとにであろうと、金がたくさんあること以上に何か善いものがあることが君の目にも明らかになるかどうかをね」。そこで、われわれが彼に向かって、
「いったい、どういうことでしょう。あなたはそれを作り出すかたなのですか」と言うなら、彼は肯定するでしょう。

「何をされているかただからですか」。

「実業家だからだよ」。

「では、どうでしょう。あなたは人間にとっていちばん善いのはたくさんお金があることだと判定されるのですか」とわれわれが尋ねるなら、

「もちろんだとも」と彼は答えるでしょう。

「ところが、このゴルギアスは異を唱えて、あなたの技術よりも自分にそなわる技術のほうがより大きな善いことの原因だと主張しているのです」と、われわれとしては言うでしょう。それを受けて彼がこう尋ねるのも明らかです。

D

「それで、その善いこととは何なのかね。ゴルギアスに答えさせたまえ」と。

さあ、そういう次第ですから、ゴルギアス、連中と私の両方から質問されているものとみなして、一つ答えてください。あなたが人間にとって最高に善いものだと主張され、またあなたこそはそれを作り出す者であると主張される当のものとは何なのかを。

ゴルギアス　それこそまさに、ソクラテス、正真正銘、最高に善いものであって、人々にわが身の自由をもたらすものであるとともに、各人に対して自国の中で自分以外の者たちを支配することを可能にさせる元となるものなのだ。[*8]

ソクラテス　で、いったいそれは何だとおっしゃるのですか。

[弁論術による説得の特質]

E ゴルギアス　それはね、この僕が言論によって説得することができるということだよ。法廷では裁判員たちを、評議会場[*9]では評議員たちを、民会[*10]では議員たちをね。また、政治的な集会が開かれる他のどんな場においてもね。そして、実際、その能力を身につけることで、君は医者を奴隷とすることができるだろうし、体育教師も奴隷とすることができるだろう。その実業家とやらだって、他人のために金儲けしているのであって、自分自身のためにではないことが明らかになるだろう。つまり、演説して大衆を説得することができる君のためにね。

453A ソクラテス　あなたは今、ゴルギアス、あなたが弁論術をどのような技術だと考えていらっしゃるのかを、できるだけ詳しく示してくださったように私には思えます。そして、私が多少なりとも分かっているとしてですが、弁論術とは説得を作り出すものであり、その仕事の全体と眼目はその点に帰着するのだとあなたはおっしゃっているのです。それとも、ひょっとしてあなたは、聞く人たちの心の中に説得を作り出す以上のことが弁論術にはできる、とおっしゃることができるでしょうか。

ゴルギアス　いや、決して、ソクラテス。君は十分満足のいく仕方で定義したように僕には思える。というのも、それこそがその術の眼目だからね。

ソクラテス　それでは聞いてください、ゴルギアス。仮に誰かが他の誰かと議論のや
B り取りをするとして、その人がそうするのは議論の的になっている当の事柄そのものを

知りたいと願ってのことだとすれば——私が私自身で信じているところでは——私もまたそうした人間の一人だということを、よく分かっておいていただきたいのです。あなたもまたそのお一人だと、私は見ているのですけれども。

ゴルギアス　だから、いったいどうだというのかね、ソクラテス。

ソクラテス　私が今ご説明します。まずはご承知いただきたいのですが、私は弁論術から生み出される説得について、あなたがおっしゃっている説得がいったいどのようなものであり、どのような事柄に関しての説得なのか、はっきりとは分かっていません。とはいうものの、思うに、どのような説得のことをあなたが意味され、またそれが何に関するものなのかについて、おおよその察しをつけてはいるのです。でも、やはり、ここはあなたにお尋ねすることにしましょう。弁論術から生み出される説得とはどのようなものであり、またそれは何に関するものだとあなたはおっしゃるのかを。

C

では、いったい何のために自分で察しをつけていながら、あなたにお尋ねするのでしょう。自分では言わずにおいて。それは、あなたに対して何か含むところがあってのこと[*11]ではなく、探求[*12]のためなのです。つまり、探求されている事柄ができるだけわれわれに明らかになるような仕方で議論が進むようにするためなのです。そういうわけですから、私が重ねてあなた相手に質問するのも当然だとあなたに思われるかどうか、一つよくお考えください。例えば、私があなたに「ゼウクシス[*13]は画家の中でもどんな画家か」と尋ねたとして、あなたが「生き物を描く画家[*14]だ」と答えられた場合、私が「生き物の中でも、どのようなものを、どこに描く人なのですか」と尋ねたとしても正当ではないでしょうか。

ゴルギアス　もちろんだ。

D ソクラテス　それはこういうわけ、つまり他にも多くのさまざまな生き物の絵を描く画家たちが大勢いるからですね。

ゴルギアス　そうだ。

ソクラテス　反対に、ゼウクシス以外には誰一人（生き物の）絵を描く者がいなかったとしたら、あなたのお答えでけっこうだったわけです。

ゴルギアス　当然だ。

ソクラテス　さあ、それでは弁論術についても一つおっしゃってください。あなたには弁論術だけが説得を作り出すと思われるでしょうか、それとも他のさまざまな技術もまた説得を作り出すと思われるでしょうか、どちらでしょう。私が申したいのは、こういうことです。つまり、誰であろうと、それが何であれ、およそものを教えようとする者は教える事柄について説得するのか、それともしないのか、どちらなのか、ということです。

ゴルギアス　説得しないなんてことはありえないよ、ソクラテス。説得するに決まっているさ。

E ソクラテス　それでは、もう一度、さっき挙げたのと同じ技術に立ち返って[*15]論じることにしましょう。数論は数に関することのすべてを私たちに教えてくれるのではないでしょうか。また数論に通じた人もです。

ゴルギアス　確かに。

ソクラテス　それなら説得もするのではないでしょうか。

ゴルギアス　そうだ。

ソクラテス　とすると、数論もまた説得を作り出すものということになるのでしょうか。

ゴルギアス　そのようだね。

454A

ソクラテス　そこで、誰かがその技術について、どのような性質の説得を、また何に関しての説得を作り出すものなのか、われわれに尋ねたとすれば、われわれは何かこんなふうにその人に答えることでしょう。つまり、あるかぎりのすべての偶数と奇数について教えてくれるような説得を作り出すものである、と。さらには、先ほどわれわれが挙げたそれ以外の諸技術のいっさいについても説得を作り出すものであるということを、またどのような性質の説得を、何に関して作り出すのかについても、われわれは示すことができるでしょう。それとも違うでしょうか。

ゴルギアス　そのとおりだ。

ソクラテス　とすると、弁論術だけが説得を作り出すものではないことになりますね。

ゴルギアス　君の言うとおりだ。

ソクラテス　さて、今や弁論術だけがその業を成し遂げるのではなく、他の諸技術も
また成し遂げるということになったからには、ちょうど画家についての場合と同じよう
に、そう主張している人に対して、続けてもう一度こう尋ねたとしても当然でしょう。
「それでは、いったい弁論術はどのような性質の説得と、また何に関しての説得を作り
B 出す技術なのですか」と。それとも、あなたには、そのように重ねて尋ねるのは正当な
ことだと思えないでしょうか。

ゴルギアス　僕にはそう思えるよ。

ソクラテス　さあ、それでは答えてください、ゴルギアス。実際、あなたにもそう思
えるのでしたら。

ゴルギアス　よし、僕が言っているのは、このような説得のことだ、ソクラテス。つ
まり、つい先ほども言っていたように、法廷やそれ以外の大規模な集会の場での説得で
あって、正しいことと不正なことに関しての説得のことだ。

ソクラテス　実は、私もあなたがそうした説得とそうした事柄についての説得のこと
をおっしゃっているのだろうと推測してはいたのです。しかし、この少しあとに、また
私が何か次のような別のことを改めてお尋ねした時に——それは明白なことのように思
われはするのですが、私としては重ねてお尋ねしたいのです——あなたが驚かれること
C がないように申し上げておきたいのは、次のことです。つまり、私がお尋ねするのは、

D

われわれの議論がしかるべき順序に従って最後まで進められるためなのだ、ということです。それは、あなたに対して何か含むところがあってのことではなく、臆測だけでお互いの主張を早とちりする癖をつけてしまうような真似はしないで、あなたがご自身の主張を、その基となる前提に従って、お望みの仕方で仕上げることができるためなのです。

ゴルギアス　君のやり方は実に適切だと僕には思えるよ、ソクラテス。

ソクラテス　さあ、それでは、この点についても検討することにしましょう。あなたは何かを「学び終えた」と言われますか。

ゴルギアス　言うとも。

ソクラテス　では、どうでしょう。「信じるようになった」とも。

ゴルギアス　いかにも。

ソクラテス　では、あなたには「学び終えた」ということと「信じるようになった」ということ、つまり「学ぶこと」[*16]と「信じること」[*17]は同じであるように思えるでしょうか。それとも別の何かだと思われますか。どちらでしょう。

ゴルギアス　僕の思うところではだが、ソクラテス、別のものだ。

ソクラテス　まことにけっこうです。その点については、次のことからもお分かりになるでしょう。というのは、誰かがあなたに「はたして、ゴルギアス、何か間違った信念と本当の信念というものがあるだろうか」と尋ねたとしたら、私が思うに、あなたは肯定されることでしょう。

ゴルギアス　そうだ。

ソクラテス　では、どうでしょう。知識は間違っていたり本当であったりするでしょうか。

ゴルギアス　決して。

ソクラテス　とすると、信念と知識が同じものでないことは明らかです。

ゴルギアス　君の言うとおりだ。

E ソクラテス　とはいっても、学び終えた人たちも、信じるようになった人たちも、ともに説得されているわけです。

ゴルギアス　そのとおり。

ソクラテス　そうであるならば、われわれは二つの種類の説得を想定することにしましょうか。一つは知ることなしに信念だけを与えるもの、もう一つは知識を与えるものです。

ゴルギアス　確かに、そうすることにしよう。

ソクラテス　それでは、弁論術は法廷においても、それ以外の大規模な集会の場においても、正しいことと不正なことに関して、どちらの説得を作り出すのでしょうか。それから生じるのは知ることなしに信じ込むことだけの説得でしょうか、それともそれから知ることが生じる説得でしょうか。

ゴルギアス　それから生じるものが信じ込むことだけの説得であるのは明らかだよ、ソクラテス。

ソクラテス　とすると、どうやら弁論術というものは、正と不正について信じ込ませるだけの説得を作り出すものであって、それらを教えるような説得を作り出すものでは
455A ないことになるようです。

ゴルギアス　そうだ。

ソクラテス　ということは、弁論家もまた、正しいことと不正なことについて、法廷その他の集会の場に集まった大勢の人間を教える者ではなく、ただ信じ込ませる[*18]だけの者ということになりますね。というのも、あれほど大勢の人間相手に、これほど重大な事柄について短時間のうちに教えるなんてことは、とうていできないでしょうから。[*19]

ゴルギアス　もちろん、できないだろう。

ソクラテス　さあ、それでは、弁論術についてわれわれはいったい何を言おうとして
B いるのか、見てみることにしましょう。実は、私自身も自分が何を言おうとしているのか、まだ摑（つか）みきれていないのです。例えば、国家のために医師や船大工や、何か他の職人仲間を選任するための集会が開かれるような場合、そこで弁論家が提言することはありえないのではないでしょうか。というのも、それぞれの選任に際しては、その技術に最も通じた人が選ばれなければならないことは明らかだからです。また、国の防壁の建設や港湾や造船所などの造営に関して集会が開かれる場合にも、弁論家が提言すること

はなく、建築に通じた棟梁がするのです。あるいはまた、将軍の選任や敵に対する布陣
C や、どこそこの地域を占領すべきかどうかに関して審議がなされる時にも弁論家の出番
はなく、その時にも最も戦略に通じた人たちが提言するのであって、弁論家たちはしな
いのです。そうした点については、ゴルギアス、あなたはどう主張されますか。
　というのも、あなたご自身が弁論家であり、また他の人たちをも弁論に通じた者にす
ることができるとおっしゃっているからには、あなたの技術に関することは、あなたか
らうかがうに如かずでしょうからね。それからまた、私は今あなたのためになるように
と心から願っているものとみなしてください。それというのも、おそらく部屋の中にい
る者たちの中にも、誰か――私の見るところでは何人か、いや、大勢と言ってもいいく
らい――あなたの弟子になりたいと願っている者がちょうど居合わせているようですか
D ら。たぶん、彼らはあなたにさらにお尋ねするのを遠慮しているのでしょうが。そうい
うわけですから、私に尋ねられている時には、彼らからも尋ねられているものと考えて
ください。
「ゴルギアス、もしわれわれがあなたに就いて教わったら、われわれは何を得ることに
なるのでしょう。いったい何に関して、われわれは国に提言できるようになるのでしょ
うか。はたして正しいことと不正なことについてだけでしょうか、それとも今しがたソ
クラテスが挙げていたようなことについても提言できるようになるのでしょうか」と。
そういうわけですから、一つ彼らに答えてやってみてください。

［弁論術の威力］

ゴルギアス　いや、いいともソクラテス。僕としても君のために、弁論術にそなわる力のいっさいを余すところなくあらわにするよう努めることにしよう。君がみずから、とてもうまく道筋をつけてくれたのだからね。確かに、君もよく知っているように、そ
E
れらの造船所やアテナイ人たちの防壁や港の建設はテミストクレス[20]の提言が因(もと)になってなされたのだし、また一部はペリクレス[21]の提言から生まれたのだ。専門的な知識をもつ者たちからの提言に基づいてではなくね。

ソクラテス　テミストクレスについては、そのように言われていますね、ゴルギアス。ペリクレスについては、自分自身、彼が国の中央の防壁について提言するのを聞いたことがあります。

456A
ゴルギアス　いかにも、君が今しがた挙げていたような者たちを選ぶ場合にはね、ソクラテス、ご覧のとおり、それらの案件に関して提言し、自分たちの意見を通すことに成功するのは弁論家[22]なのだよ。

ソクラテス　まさにそれが不思議で、ゴルギアス、さっきから弁論術にそなわる力がいったいどういうものなのか、お尋ねしているわけです。以上のように考えてきますと、その威力の絶大さといったら、何か神がかったものであるようにさえ私には見えます。

ゴルギアス　君がすべてを分かってくれさえしたらなあ、ソクラテス。つまり、弁論
術はね、いわば、ありとあらゆる力をひとまとめにして自分の下に従えているのだ。一
B つ、その強力な証拠を君に話してあげよう。というのはね、僕はこれまでに何度も兄弟
やそれ以外の医者たちと一緒に、病人の中でも薬を飲むのを嫌がったり、医者に身を任
せて切られたり灼かれたりするのを嫌がっている者のもとに出かけていったことがある
のだが、医者が説得できない時には、この僕が説得したのだ。他でもない弁論の術を使
ってね。
　また言わせてもらうと、どこでも君のお望みの国へ弁論術を心得た者と医者が赴い
て、民会や何か他の集会の場で、どちらが医師として選ばれるべきかを言論によって競
C わなければならなくなったとしたら、どこにおいても医者が栄光に輝くことは決してな
く、選ばれるのは語ることができる者のほうなのだ。もし彼がその気になりさえすれば
ね。さらには、他のどんな専門技術をもった人間を相手に競わなければならない時に
も、弁論術を心得た者は他の誰よりも自分のほうが選ばれるべきだと説得することがで
きるだろう。というのはね、大勢の人間が集まっている場でなら、どんなことについて
であろうと、専門技術をもった連中の誰と比べても、弁論術を心得た者のほうが、より
説得的に語れないようなことは一つもないからだ。まったくもって、この弁論術にそな
わる力というのはね、これほど大きく、このような性質のものなのだ。

［弁論術の悪用可能性と弁論家の責任の有無］

D だがね、ソクラテス、弁論術を用いるにあたっては、それ以外の勝ち負けを争う技全
般を使う時と同じようにしなければならない。というのも、人が拳闘や格闘技[*23]や武器を
使って闘う術を学んで味方と敵の双方よりも強くなったからといって、そうした技をど
んな人間相手にでも使ってよいわけではないからだ。つまり、強くなったからといっ
て、友だちを殴ったりしてはいけないし、突き刺したり、殺したりしてもいけないの
だ。

また、ゼウスに誓って、誰かが武道場に通って逞しい身体になり、拳闘も強くなった
あとに、父親や母親、あるいは身内の者や友人の誰かを殴ったりしたような場合、だか
E らといって体育教師や武器を使って闘う術を教えた者たちを憎んだり、国から追い出し
たりしては決していけないのだ。というのも、彼らとしては敵や不正を犯す者たちを相
手として、それらの技を正しく用いるためにこそ伝授したからだ。それは身を守るため
457A にであって、自分から手を出すためではないのだ。ところが、連中ときたら、教えに背
いて身につけた力と技を濫用し、適切な仕方で用いていないのだ。だからといって、伝
授した者たちが邪悪であるわけでもなければ、その技に責任があるわけでもなく、また
それゆえに邪悪なものだということにもならない。そうではなくて、僕が思うに、正し
く用いない者たちこそ責められるべきだし、悪いのだ。そして、まさに同じ理屈が弁論
術にもあてはまるのだよ。

というのも、弁論家はありとあらゆる人間相手に、あらゆることについて論じ立てる
ことができるので、大勢の人間がいる場では、要するにどんなことについてであろう
B と、説得力においてまさることになるからだ。でも、だからといって、医者たちから名
声を奪い取るようなことがあってはならないし――というのも、そうしようと思えば、
そうすることもできるだろうからだが――、それ以外の専門的技術をそなえた者たちに
対しても、あってはならない。そうではなく、他の勝ち負けを争う技と同じように、弁
論術もまた正しく用いなければならない。だが、僕が思うに、誰かが弁論術に通じた者
になり、それからその能力と技を用いて不正を犯したような場合には、伝授した者を憎
C んだり、国から追い出したりしてはならないのだ。なぜなら、教えた者のほうは正しく
用いるために伝授したのに、伝授された者が反対の仕方で用いたからだ。だから、正し
く用いない者をこそ憎んだり、追放したり、処刑したりするのが正義にかなっているの
であって、伝授した者をではないのだ。

ソクラテス　思うに、ゴルギアス、あなたもまた数多くの議論のご経験があり、そう
した中で次のようなことを目の当たりにされたことがおありだと思います。つまり、ど
んな事柄であれ、人々が議論のやり取りをしようとする事柄に関して、お互いに論点を
D 明確にし、学び合い、自分たち自身を教え合うような形でその集まりを解散するのは容
易にできることではないということを、です。それどころか、人々が何かについて論争
し、一方の者が他方の者の言うことは間違っているとか曖昧だとか主張する場合には、

彼らは感情を害し、相手が議論に勝つことばかり考えて、問題とされている事柄を議論
の中で探求しようとせず、自分たちに対する悪意からそう言っているのだと思い込むの
が常なのです。
　そして、実際、挙げ句の果てには、最も見苦しい仕方で別れる者たちさえいる始末で
す。罵り(ののし)合いながら、こんなこと——つまり、その場に居合わせた者たちまでもが、み
E ずからそのような連中の聴衆になるのをよしとしたということで、自分自身のことを思
って不愉快な気持ちになるようなこと[*24]——を口にしたり、耳にしたりしながらですね。
それでは、いったい何のために私はこんなことを言うのでしょう。それは、あなたが
今、弁論術について最初におっしゃっていたこととあまり辻褄が合うとも調子が合うと
も言えないことを主張されているように私には思えるからです。実のところ、私はあな
たを論駁するのが恐いのです。というのは、私が議論に勝ちたいばかりに、問題になっ
ている事柄が明らかになることを目指してではなく、あなたに反対するために論じてい
458A るのだとあなたがおとりになるのが恐いからです。そういうわけですから、あなたもま
た私とまったく同じような人間の一人でいらっしゃるのであれば、喜んであなたに質問
し続けることにしますが、そうでなければやめにしたいと思います。
　では、私はどのような人々の仲間なのでしょう。私は自分が何か真実でないことを主
張した時には喜んで論駁され、他方で誰かが何か真実でないことを主張した時には喜ん
で論駁するような、そういう人たちの仲間なのです。とはいえ、論駁する側になるより

も論駁される側になるほうが不愉快だということは決してありません。というのも、自分が最大の悪から解放されるほうが他の人を解放することより大きな善であるぶんだけ、それ、つまり論駁されることのほうがより大きな善だと考えるからです。いかに
B も、私の思うところでは、人間にとって、われわれの議論が今まさにそのことをめぐって行われている事柄に関して誤った考えをもつことほど大きな悪は何一つないのです。ですから、もしあなたもそのような人間だとおっしゃられるのなら、議論のやり取りを続けることにしましょう。でも、もう打ち切ったほうがよいと思えるなら、直ちに打ち切って議論は終わりにすることにしましょう。

ゴルギアス　いや、実際、この僕にしても、ソクラテス、自分も君が述べたような人間だと言わせてもらおう。とはいうものの、おそらくここにいる人たちのことも気にかけてあげなければいけないところだろうね。というのも、君たちがやって来るずっと前から、僕はここにいる人たち相手にたくさん話を披露したことだし、今また僕たちが議
C 論のやり取りを続けるなら、おそらくすごく長引かせてしまうことになるだろうからね。だから、彼らの中に何か他のことをしたいと思っている人たちがいるのに僕たちが引き止めることがないよう、彼らのことも考えてあげないとね。

カイレポン　この拍手喝采が、ゴルギアスにソクラテス、ご自分たちにも聞こえるでしょう。この人たちは、あなたたちが何か話をされるなら、いつでも聞きたいと願っているのです。私自身については、こうした内容の話がこういう仕方で議論されているの

をうっちゃってまで他の何かをするほうが重要になるほど、それほど忙しい身になることが、どうかありませんように。

D カリクレス　神々にかけて、そのとおりだ、カイレポン。いや、実際、この僕もこれまで多くの議論の場に居合わせたことがあるけれど、今ほど楽しい思いをした[*25]ことがあるかどうか分からないよ。だから、たとえあなたたちが一日中議論のやり取りをしたいと思われたとしても、少なくとも僕に関しては喜ばせてくれることになるでしょう。

ソクラテス　いや、カリクレス、僕に関するかぎりは、まったく何の差し支えもないよ。ゴルギアスさえ承知してくれるならね。

ゴルギアス　かくなる上は、僕が承知しなければ、みっともないことになるしかなさ
E そうだ。何でも聞きたいことを質問するようにと自分で宣言したのだからね。では、この人たちにもそうしたほうがよいと思われるのなら、君は対話を続けて、何でも君の望むことを尋ねたまえ。

ソクラテス　それでは聞いてください、ゴルギアス。私があなたによって語られたことの中で不思議に思っていることを。というのも、もしかすると実はあなたは適切に述べていらっしゃるのに、私のほうが不適切な仕方で受け取っているだけなのかもしれませんから。あなたが主張されるところでは、もし誰かがあなたから学びたいと思う場合には、いつでもあなたはその人を弁論術に通じた者にすることができるのでしょうか。

ゴルギアス　そうだ。

ソクラテス　とすると、あらゆることに関して、大勢の人間がいる場でなら説得できるようになるのでしょうか。教えることによってではなく、説得することによって。

459A ゴルギアス　まったくそのとおりだ。

ソクラテス　確か、あなたは今しがた、健康に関することについても弁論家は医者を説得力で上まわることになるだろう、とおっしゃっていましたね。

ゴルギアス　言ったとも。大勢の人間がいる場での話だがね。

ソクラテス　ところで、その「大勢の人間がいる場で」というのは「知識のない者たちのあいだで」ということでしょうか。というのも、知識のある者たちのあいだでは、説得力で医者を上まわることは決してないでしょうから。

ゴルギアス　君の言うとおりだ。

ソクラテス　そうすると、仮にも医者を説得力で上まわるような場合には、弁論家は知識のある者より説得力でまさることになるのでしょうか。

ゴルギアス　いかにも。

B ソクラテス　医者でもないのに、ですね。そうではありませんか。

ゴルギアス　そうだ。

ソクラテス　しかし、医者でない者はきっと医者が心得ている知識に疎（うと）いことでしょう。

ゴルギアス　言うまでもない。

ソクラテス　とすると、弁論家が医者を説得力で上まわるような場合には、知識のない者が知識のある者よりも、知識のない者たちのあいだで上まわる、ということになります。そういうことになるのではありませんか、それとも違うでしょうか。

ゴルギアス　いかにも、その場合にはそうなるね。

ソクラテス　だとすると、それ以外のありとあらゆる技術に関しても、弁論家と弁論術は同様の状態にあることになりますね。つまり、弁論術は事柄そのものがどのように
C なっているかについては何一つ知る必要がなく、知識のない者たちのあいだで、知識のある者たちよりも知識があるように見えるようにさせる何らかの説得の手立てさえ見つければ、それで足りるのです。

ゴルギアス　それ以外の技術は学ばずに、それ一つだけ学ぶことで専門知識をもつ者たちに引けをとらないことになるのなら、すごく楽ではないかね、ソクラテス。

ソクラテス　弁論家がそのような状態にあることによって、はたして彼以外の者たちに引けをとるかとらないかについては、すぐあとで検討することにしましょう。それが何かわれわれの議論に益するところがあるならば、ですが。でも、今はその前に、次の
D 点について検討することにしましょう。つまり、正しいこと、不正なこと、醜いこと、美しいこと、また善いことと悪いことに関して、はたして弁論家は健康に関することやそれ以外のこと——それらは弁論術以外の専門諸技術が扱うものなのですが——に関してと同様に、それらの事柄そのもの——何が善くて、何が悪いのか、あるいは何が美し

くて、何が醜いのか、あるいはまた何が正しくて、何が正しくないのか——については
知識がないけれども、それらについての説得だけは考え出して、その結果、知識を欠い
ているにもかかわらず、知識のない者のあいだでは識者以上に知識があるように見える
ことになるのかどうか、についてです。
E　それとも、知識をそなえていることは不可欠で、弁論術を学ぼうとする者もまた、あ
らかじめそれらについての知識を身につけた上で、あなたのもとにやって来なければな
らないのでしょうか。もしそうでない場合には、弁論術の教師であるあなたは、やって
来る者に対して、それらの何一つ教えることはしないけれども——というのも、それは
あなたの仕事ではないので——、大衆のあいだでは、彼がそうしたことについて知らな
いのに知っているかのように、また本当は善い人間ではないのに善い人間であるかのよ
うに見えるようにするのでしょうか。
　それとも、その人がそうした事柄について、あらかじめ本当のことを知っているので
なければ、あなたは彼に弁論術を教えることはまったくできないのでしょうか。そうし
460A た点はどうなっているのでしょう、ゴルギアス。さあ、ゼウスに誓って、今しがたあな
たがおっしゃったように、包み隠すことなく、弁論術にそなわる力とはいったい何なの
かをおっしゃってください。
ゴルギアス　いや、僕の思うところでは、ソクラテス、その者がたまたま知らない場
合には、そうした事柄についても僕から教わることになるだろう。

ソクラテス　ちょっと待ってください——これはとてもよいことをおっしゃってくださいました。つまり、あなたが誰かを弁論術に通じた者にする場合にはいつでも、その者は諸々の正しいことと不正なことについて知っているのが必然というわけですね。前もってにせよ、あとであなたから教わるにせよ。

ゴルギアス　いかにも。

B ソクラテス　ところで、この点についてはどうでしょう。大工の術に関することを学び終えた者は、大工の術に通じた者ですね。それとも違いますか。

ゴルギアス　そうだ。

ソクラテス　それでは、音楽に関することを学び終えた者もまた、音楽に通じた者なのではありませんか。

ゴルギアス　そのとおりだ。

ソクラテス　医術に関わることを学び終えた者もまた、医術に通じているのではありませんか。さらには、それら以外の分野に関しても同じ理屈があてはまる、つまり個々の分野について学び終えた者は、それぞれの分野に対応する知識が各人を作り上げるとおりの者になるのでしょうか。

ゴルギアス　いかにも。

ソクラテス　とすると、この説に従えば、諸々の正しいことを学び終えた人もまた、正しい人になるのですね。

ゴルギアス　まったくもって、そのとおりだ。

ソクラテス　ところで、正しい人は正しいことを行うのでしょうね。

ゴルギアス　そうだ。

C ソクラテス　だとすると、弁論術に通じた者は必然的に正しい人間であるはずであり、正しい人間はまた、正しいことを行おうと欲するのが必然ということになるのでしょうか。

ゴルギアス　そのように見えはするね。

［ソクラテス　とすると、正しい者が不正を行おうと欲することは決してないでしょう。

ゴルギアス　そうならざるをえないね。

ソクラテス　他方、その説からすると、弁論術に通じた人間は必然的に正しい人間であることにならざるをえません。

ゴルギアス　そうだ。[26]］

ソクラテス　ということは、弁論術に通じた者が不正を行おうと欲することは決してないことになります。[27]

ゴルギアス　確かに、ないように見えるね。

ソクラテス　さて、あなたは少し前にこうおっしゃったのを覚えていらっしゃいます

D か。つまり、仮に拳闘選手が拳闘の技術を使って不正を犯したような場合に、その体育

教師たちを非難したり国から追い出したりすべきでないのとちょうど同じように、弁論家が弁論術を不正な仕方で用いたような場合にも、それを教えた者を非難したり国から追い出したりしてはいけないのであって、不正を犯し、弁論術を正しく用いていない本人をこそ、そうすべきである、と。そういうことが言われましたよね、そうではありませんか。

ゴルギアス　言われた。

E ソクラテス　ところが、今や、その同じ人間、すなわち弁論家が不正を犯すことは決
してないことが明らかになったのです。それとも違うでしょうか。

ゴルギアス　そのように見えるね。

ソクラテス　ところが、議論の最初のところでは、ゴルギアス、弁論術は偶数と奇数を扱う言論ではなく、正と不正を扱う言論に関わる、と述べられたのです。そうですね。

ゴルギアス　そうだ。

ソクラテス　そこで、私はそのときあなたが以上のようなことをおっしゃっているの
を聞いて、弁論術は決して不正な代物ではありえないのだと受け取ったのです。という
のも、それはまさに常に正義に関して論じるものだからです。ところが、その少しあと
461A で、今度は弁論家が不正な仕方で弁論術を用いることもある、とおっしゃったものです
から、私としてはとても驚くとともに、ご発言の辻褄が合わないと思って、先ほどの言

葉を口にしたわけです。つまり、私と同様、あなたも論駁されるのは得をすることなのだとお考えなら議論のやり取りを続ける価値があるけれども、もしそうでないなら打ち切りにしましょう、と。

B しかし、その後、われわれが検討を続けた結果、実にご自身でもご覧のとおり、弁論家が弁論術を不正な仕方で用いたり、不正を犯そうと望んだりするのは不可能であることに改めて意見が一致したのです。こうしてみると、以上の事柄に関して本当のところはどうなのかについては、犬に誓って、ゴルギアス、少しばかり議論をともにするだけでは十分に検討し尽くすには至らないようです。

訳註

＊1　以下、それぞれの技術が扱う対象について、前置詞 peri と対格を組み合わせた peri ti という表現で問われていくが、文脈に応じて「に関する」、「に関わる」、「を対象とする」、「を扱う」などと訳し分けることにする。なお、peri と属格の組み合わせも若干見られるが、ここでは意味に大差はないと思われる。

＊2　ヘラは、ゼウスの妻。

＊3　「実際に用いること」の原語は praxis.「その目的を達成すること」の原語は kyrōsis.

＊4　「数論」の原語は arithmētikē で、数そのものの性質を探求する。

＊5　「計算術」の原語は logistikē で、加減乗除のような演算を主な内容とすると考えられる。

＊6　意味がとりにくい箇所であるが、要するに偶数あるいは奇数同士、もしくは偶数と奇数を加減乗除していくつになるか、という意味だと思われる。

＊7　「健康」、「姿の美しさ」、「貯めた金」と訳した語は原語ではいずれも不定詞であるが、歌の調子を考えてこのように訳す。

＊8　内容を整合的に解釈するのに苦労する箇所である。前半の複数形の「人々に（tois anthrōpois）」を集団としてではなく個人として捉えれば、後半の「各人に対して（hekastōi）」と矛盾しないように思われる。あるいは前半の複数形をポリスのような集団として捉え、国際的には他のポリスに対して独立を保つ原因となる一方で、国内的には個人による独裁への道を拓く原因にもなる、という意味にとることも可能かもしれない。ラムやゼイルのように複数形を「人類（mankind もしくは humankind）」ととるのは難しいように思われる。Cf. Lamb (ed. and tr.), 279; Zeyl (tr.) 1987, 9; Zeyl (tr.) 1997, 798.

＊9 評議会場（bouleutērion）は、評議会（boulē）が開かれていた会場。評議会は、各部族五〇人ずつ計五〇〇人から成る先議機関で、民会（ekklēsiā）に先立って議案について審議し、上程した。

＊10 アテナイにおける民会は、一八歳以上の男性市民全員から成る最高議決機関。

＊11 「あなたに対して何か含むところがあってのこと」と訳した原文は sou heneka.「あなたを標的（ターゲット）として」とも訳せる。

＊12 原語は logos. この文における logos は「探求」、「議論」のように訳し分けることにする。

＊13 ゼウクシスは、南イタリアのヘラクレイア出身で、前五世紀後半に活躍した画家。彼が描いた葡萄を鳥が本物と間違えてつついたとも伝えられる。

＊14 原語は ho ta zōa graphōn. 前註にもあるように葡萄なども描いたとされることから、ta zōa は「肖像」と訳さず、字義どおりに訳すことにする。

＊15 原文にある前置詞 epi のニュアンスを活かしてみた。

＊16 「学ぶこと」の原語は mathēsis.

＊17 「信じること」の原語は pistis.

＊18 ドッズは peistikos を採用しているが、BおよびT写本に従って pistikos を採る。この読みに関しては、田中・加来（訳注）、五〇―五一頁。

＊19 短時間で相手に真実を理解してもらうことの難しさについては、プラトン『ソクラテスの弁明』一八E五―一九A二を参照。

＊20 テミストクレス（前五二八頃―前四六〇年頃）は、アテナイの政治家、将軍。サラミスの海戦（前四八〇年）の戦略で有名。のちに陶片追放された。なお、直接民主政下のアテナイでは現在のような職業的な政治家はいなかったが、便宜上「政治家」と呼ぶことにする。

＊21 ペリクレス（前四九五頃―前四二九年）は、アテナイ民主政を代表する政治家、将軍。

＊22　ここでの「弁論家」は、ほぼ「政治家」の意味に等しい。

＊23　「格闘技」の原語は pankratiazein. ほとんど何でもありの、きわめて激しい「スポーツ」だったようである。

＊24　この箇所の訳出に際しては、オリュンピオドーロスの註釈を参考にした（Norvin (ed.), 49)。

＊25　「楽しい思いをした」の原語は hēdomai（字義どおりには「快楽を覚える」）のアオリスト形である。この点について、オリュンピオドーロスは、カリクレスが「快楽好きであること（to philēdonon)」を示していると解釈しているが（ibid., 50)、カリクレスが哲学の議論をもっと聞きたいと切望している事実は、カリクレスの好む快楽が単に肉体的なものにとどまらないことを示唆しているように思われる。この点については、「訳者解説」を参照。

＊26　［　］の部分は削除するのが適切と思われる。この部分も含め、論駁の最終段階に相当するテクスト（四六〇B八―C六）の読みをめぐる諸解釈については、Cf. Dodds (ed.), 219-220.

＊27　クセノポンは『ソクラテスの思い出』一・二・一九―二三で、身体の鍛錬との類比を用いて、人柄についても不断の修錬の必要性を説いている。クセノポンの意図は批判者に対してソクラテスを弁護することにあるが、その主張自体は、この箇所におけるソクラテスの主張に対する反論になりうるかもしれない。

C

[第二幕 ポロス対ソクラテス]

ポロス 何ですって、ソクラテス。本当にあなたは弁論術について今あなたが述べていたような見解をもっているのですか。それとも、あなたはこう思ってでもいるのでしょうか——つまり、ゴルギアスが弁論家は正しいことや美しいことや善いことを知っているということを、また仮に誰かがそれらの事柄を知らないまま彼のもとにやって来た場合にはみずから教えてやるのだということを認めないのはきまりが悪いと思ったために同意した、それからその同意が因で何か矛盾したことが議論に生じてしまったようですが……それこそまさにあなたが悦に入っているところなのだ——自分で(そう答えざるをえないような)そのような問いに誘い込んでおいて。[*1] だって、自分自身が正しいことを知っているだけでなく、他の人間たちにも教えるであろうことを否定するような人間がいるとでも、あなたは思っているのですか。いや、議論をそんなところに引っ張っていくなんて、無礼もいいところですよ。

ソクラテス 何とも素晴らしいね、ポロス! いや、実際、僕たちは理由もなく友人や息子たちをもっているわけではないのだ。それは何のためかといえば、僕たち自身が年寄りになって転んだ時に、君たち若い者たちがそばにいて、行いにおいても言論にお

D いても僕たちの生活を立て直してくれるためなのだよ。だから、今も僕とゴルギアスが
議論の中で何かに躓(つまず)いて転んだりしたら、君がそばにいて助け起こしてくれたまえ。そ
れが君の務めなのだからね。そして、僕としても、もしこれまで同意されたことの中
に、君の目から見て何か適切な仕方で同意されたとは思えないことがあるのなら、何で
も君のお望みのものを撤回するにやぶさかではない。ただし、君が一つだけ僕のために
守ってくれるなら、の話だが。

ポロス　それはどういうことですか。

ソクラテス　長広舌のことだよ、ポロス。君が最初におっ始めようとした例のやつさえ控えてくれるならね。

ポロス　どうしてですか。私には自分が話したいだけ話すことも許されないことになるのですか。

E **ソクラテス**　よき友よ、それはひどい目に遭ったことになるだろうね。もし君がギリ
シアの中でも最大の言論の自由があるアテナイにやって来ていながら、そこで一人だけ
その恩恵に与(あずか)れないことになるならね。でもね、一つ、立場を逆にしてみてくれたま
え。つまり、君が長々としゃべり続けて、尋ねられたことにはいっこうに答えてくれよ
うとしないのに、僕のほうは立ち去ることも君の話を聞かないこともできないとすれ
ば、今度はまた僕のほうがひどい目に遭うことになるのではないかね。そうではなく、
462A 君がこれまでに語られた議論のことを少しでも気にかけてくれて、それを正してくれる

つもりなら、たった今僕が言ったように、君によいと思われるように議論を立て直して、交互に質問し質問されながら——ちょうど僕とゴルギアスがそうしたように——論駁し論駁されてくれたまえ。だって、きっと君はゴルギアスが心得ていることは自分も心得ていると主張するに違いないからね。それとも違うだろうか。

ポロス　私としては、そう主張します。

ソクラテス　それなら、君もまた、質問に答えることを心得ている以上は、何であれ人が尋ねたいことがあるなら、いつでも自分に質問するように命じるだろうか。

ポロス　もちろんですとも。

B ソクラテス　では、今も質問するなり答えるなり、どちらでも好きなほうをやってくれたまえ。

［迎合としての弁論術——「熟練」と「技術」の別について］

ポロス　いや、そうすることにしましょう。それでは私に答えてください、ソクラテス。ゴルギアスは弁論術について答えに窮しているようにあなたには見えるというのなら、あなた自身はそれを何だと主張されるのですか。

ソクラテス　君は僕がそれをどのような技術だと主張するのかと尋ねているのかい。

ポロス　いかにも。

ソクラテス　いかなる技術でもない、と少なくとも僕には思われる、ポロス。君には本当のところを打ち明けるとすればね。

ポロス　いや、それなら弁論術はいったい何だとあなたには思われるのですか。

C ソクラテス　まさに君が君の本の中で[2]——僕は最近読んだのだけれど——それこそが技術を作り出すと主張しているものだ。

ポロス　それはどういう意味ですか。

ソクラテス　僕としてはね、ある種の熟練[3]だと言いたいのだ。

ポロス　とすると、あなたには弁論術が熟練であるように思われるのですか。

ソクラテス　いかにも、僕にはね。もし君が（弁論術ということで）何か別のものを指しているのでなければ、だが[4]。

ポロス　何についての熟練なのですか。

ソクラテス　ある種の喜びと快楽[5]を作り出すことについてのだ。

ポロス　人々に喜びを与えることができるというのなら、弁論術は立派なものだとあなたには見えないのですか。

ソクラテス　どういうことかね、ポロス。君は僕がそれを何だと主張するのか、僕か
D らもう聞いてしまったので、その次のこと、つまりそれが僕に立派なものと見えないか
どうかを尋ねているのかい。

ポロス　だって、私はもう聞いてしまったのではありませんか。あなたがそれをある種の熟練だと主張されていることは。

E

ソクラテス　それなら、君は喜びを与えることを尊重しているようだから、少しばかり僕も喜ばせてもらえるだろうか。
ポロス　いいですとも。
ソクラテス　では、僕に尋ねてくれたまえ。料理術はどのような技術だと僕に見えるか、とね。
ポロス　尋ねますとも。料理術はどんな技術ですか。
ソクラテス　いかなる技術でもない、ポロス。「それでは、何なのですか」と言ってくれたまえ。[*6]
ポロス　言いましょう。
ソクラテス　ある種の熟練である。「何についての？」と言ってくれたまえ。
ポロス　言いましょう。
ソクラテス　喜びと快楽を作り出すことについてのだ、ポロス。
ポロス　ということは、料理術と弁論術は同じものなのですか。
ソクラテス　いや、決して。だが、同じ営みの一部ではある。
ポロス　それはどのような営みだと言われるのですか。
ソクラテス　本当のことを言うと、いささか失礼なことになるかも……。というのも、ゴルギアスのことを思うと、口にするのがためらわれるからだが。ご自身が勤しんでおられる仕事を僕がすっかり茶化しているように思われるのではないかとね。はたし

463A て、それがゴルギアスが勤しんでおられる弁論術なのかどうか、僕には分からないけれど――というのも、このかたがそれを何だとお考えなのか、さっきの議論からは何一つ明らかにならなかったからだが――、しかし僕が弁論術と呼ぶものについて言えば、立派とはとても言えないような代物の一部なのだ。

ゴルギアス　何の一部なのかね、ソクラテス。言ってくれたまえ、僕には少しも遠慮しないで。

ソクラテス　では申しますと、ゴルギアス、それは技術とは言えないけれども、勘が鋭く、度胸があって、生まれつき人々と付き合うのに長けた精神の持ち主にふさわしいような、ある種の営みであるように私には思われます。そこで、私としては、その主眼
B とするところを〈迎合〉[*7]と呼びたいと思います。その営みには他にも多くの分野があるように私には思えます。そして、その一つが料理術なのです。それは技術であるように見えはしますが、私の説からすると、実は技術ではなく、一種の熟練であり、コツなのです。弁論術もまたその一部だと私は主張しますし、化粧術とソフィストの術についてもそうです。それらは四つのものに対応する四つの分野なのです。ところで、もしポロスが尋ねたければ、尋ねさせてください。
C というのも、弁論術が迎合のどんな分野だと私が主張するのか、彼はまだ耳にしていないのですが、まだ答えられていないことにも気づかず、彼ときたら私が弁論術を立派なものだと思わないのかと尋ねたのですからね。でも、私は彼に対して、まずもって弁

論術が何であるのかを答える前に、私がそれを立派なものと考えるか醜いものと考えるか、答えるつもりはありません。だって、それは正しいやり方ではないのだからね、ポロス。いや、もし君が僕の考えを聞きたいと思うのなら、弁論術は迎合のどんな部門だと僕が主張するのか、質問したまえ。

ポロス　質問しますとも。だから、どのような部門なのか、答えてください。

D **ソクラテス**　はて、僕が答えたら君に分かってもらえるかな。弁論術とはね、僕の説に従えば、国政に関わる部門の幻影のようなものだ。

ポロス　で、どうなのですか。あなたはそれを立派なものだと言われるのですか、それとも醜いものだと言われるのですか。

ソクラテス　僕としては、醜いものだとね。なぜなら、悪いもののことを醜いとも僕は呼ぶからだが。僕が言わんとしていることを君がすでに分かっているものとして、君に答えなければならないとして、の話だけれどね。

ゴルギアス　いや、これはゼウスに誓って、ソクラテス、この僕自身にも君が何を言おうとしているのか、さっぱり分からないよ。

E **ソクラテス**　それも無理はありません、ゴルギアス。というのも、私はまだはっきりしたことは何一つ言っていないのですから。それなのに、このポロスときたら、若いせいで、せっかちなものですから。[*8]

ゴルギアス　それでは、この男はうっちゃっておいて、僕に言ってくれたまえ。君はどういう意味で弁論術が国政に関わる部門の幻影だと言うのか、をね。

ソクラテス　では、私も弁論術がそれであると私に思われるものについて、一つ説明を試みてみることにしましょう。しかし、ひょっとしてそれが違っていたら、このポロスが論駁してくれることでしょう。

464A あなたは、何か身体と魂といったものがあると認められますか。

ゴルギアス　もちろんだよ。

ソクラテス　では、あなたは、それらのそれぞれについて、何か良好な状態とでもいったものがあるとお考えでしょうか。

ゴルギアス　いかにも。

ソクラテス　では、どうでしょう。良好であるように見えはするけれども、実際にはそうでない状態もあるとお考えでしょうか。私が言おうとしているのは、例えばこういうことです。身体の面で良好な状態にあるように見える人間は大勢いますが、彼らが実際にはよい状態にないことを見破るのは、医者と体育教師以外の者にとっては決して容易ではないのです。

ゴルギアス　君の言うとおりだ。

ソクラテス　私としてはこういうもの、つまり、身体に関しても魂に関しても、身体や魂がよい状態にあるように見えさせはするけれども、実際によくすることは何一つで
B きないようなものがあるということを言いたいのです[*9]。

ゴルギアス　そういうものがあるのは確かだね。

ソクラテス　さあ、それでは、できるものなら、私が言わんとするところをもっとはっきりお示しすることにしましょう。私としては、二つの事柄があって、それに対応する二つの技術がある、と主張します。そして、魂に関するものについては、政治術と名づけています。それに対して、身体に関するものについては、実はそのような仕方で[*10]一つの名前を与えることが私にはできないのです。とはいえ、その身体の世話をするものも一つのものであって、それには二つの部門がある、と主張します。その一つは体育術であり、もう一つは医術です。そして、政治術の中で、体育術に相当するのは立法の術であり、医術に対応するのは司法の術です。

そのどちらの組も、互いに共通する点はあるのですが——何せ同じものを扱っている
C のですから——、つまり医術は体育術と、司法の術は立法の術と共通するところはあるのですが、それにもかかわらず互いに何らか異なってもいるのです。

それらは四つあって、いつでも最善の状態を目指して、一方の組は身体の、他方の組は魂の世話をするのですが、迎合の術のほうは抜け目なく状況を見て取って——認識してとは言わず、勘を働かせてと言いたいのですが——、自身を四つに分割して、技術の
D 各分野の下に潜り込み、まさに自分がその下に潜り込んだものそのものであるかのようなふりをしているのです。そして、最善の状態は一顧だにせず、そのつど、いちばん快適なものを餌にして分別を欠いた者を誘き寄せて捕えては欺き、挙げ句の果てには最も

価値があるように思わせるに至るのです。

　医術の下には料理術が潜り込んでしまっており、身体にいちばんよい食べ物を知っているかのようなふりをしています。その結果、仮に子供たちのあいだや、子供たちのよ
E うに思慮に乏しい大人たちのあいだで料理人と医者が競争しなければならないとしたら、つまり、医者と料理人のどちらが有益な食べ物と有害な食べ物について心得があるかについて競うとしたら、医者のほうは飢え死にしてしまうことでしょう。

　いかにも、僕はそれを迎合と呼び、そのようなものは醜いと主張するのだよ、ポロス
465A ――これは君に向けて言うのだけれど。というのも、それは最善の状態は抜きにして、勘を頼りに快さだけを狙っているからだ。それを僕は技術とは言わずに熟練と言うのだ。[11]なぜなら、それは治療する患者や処方する薬がどのような本性をもつものなのかについて何一つ理論的な説明を与えることができないのだからね。その結果、個々の処置の根拠について述べることもできないのだ。そして、僕としては、何であろうと理論的裏づけを欠いたものを技術と呼びはしない。以上のことについて、もし君が異議を唱えるというのなら、喜んで反論を受けて立つつもりだ。

B 　さて、まさに僕が主張しているように、医術の下には料理術が迎合として潜り込んでおり、他方、体育術にはそれと同じ仕方で化粧術が潜り込んでいる。それは有害で、[12]ごまかしに満ち、[13]下品で自由人にふさわしくないものなのだが、格好よく見せたり、肌の色を綺麗にしたり、[14]すべすべに見せたり、服装で目をごまかしたりして、人々に借りも

C のの美を身に纏（まと）わせ、体育術によって得られる自分本来の美しさを蔑（ないがし）ろにさせるものなのだ。[*15]ところで、長々話すことにならないように、君には幾何学者たちがやるような仕方で説明することにしよう——もう君だって、たぶんついてこられるだろうからね。つまり、体育術に対する化粧術の関係に、医術に対する料理術の関係は等しいということだ。いや、むしろ、こう言ったほうがいいかな。[*16]体育術に対する化粧術の関係に、立法の術に対するソフィストの術の関係は等しく、また、医術に対する料理術の関係に、司法の術に対する弁論術の関係は等しい、とね。[*17]

　でも、僕が強調したいのはね、それらの術は本来は別々のものなのだが、互いに近接しているために、ソフィストと弁論家たちは同じ領域で同じ事柄に関わる者として一緒くたにされているということだ。そして、彼ら自身が自分たちをどう扱ったらよいのか分かっていないし、それ以外の人間たちも彼らをどう扱ったらよいのか分からない始末なのだ。

D 　それはなぜかといえば、魂が身体を監督下に置くのではなく、身体が自分で自分を管理し、料理術と医術が魂によって観察され、識別されるのではなく、身体自身が自分自身に与えられる喜びを尺度にして評価するようなことになったら、親愛なるポロスよ、アナクサゴラスの説[*18]が幅をきかすことになるだろうからだ。というのも、君はそうしたことに通じているはずだからだが。つまり、「万物は一緒くたになって、同じものの中でごた混ぜになる」ことだろう。医術に関わること、健康に関わること、料理術に関わることが互いに区別されることなくね。
　これで君は、僕が弁論術だと主張するものを、しかと聞いたことになる。つまり、そ
E れは身体に関して料理術が占める地位に対応する地位を魂に関して占めるものなのだ。君
とはいうものの、ひょっとすると僕はおかしなことをしてしまったかもしれないね。君
には長広舌をふるうことを許さずにいながら、自分は延々と長話をしたりして。でも
ね、僕のほうは勘弁してもらうに値するのだ。というのも、僕が手短に話した時には君
は分かってくれなかったし、僕が君に返した答えをこなすことも全然できず、詳しい説
466A 明を必要としたからだ。だから、僕のほうがまた、君が答えた時にどう扱ったらよいか
分からないようなことがあったら、君も自説を繰り広げてくれたまえ。しかし、どう扱
ったらよいか分かった場合には、僕のいいようにさせてくれたまえ。それが正当なこと
だからね。それでは、今もまた、以上の答えを君がどうにかこなせるようだったら、そ
うしたまえ。
ポロス　では、あなたはどう主張されるのですか。弁論術は迎合だとあなたには思わ
れるのですか。
ソクラテス　迎合ではあるが、その一分野である、と僕は言ったはずだがね。いや、
君はその歳でいながら、もう覚えていないのかい、ポロス。これでは、すぐまた何をし
でかすことやら。
ポロス　では、あなたには優れた弁論家たちが国の中では太鼓持ちのように卑しいや

B つとみなされていると思えるのですか。

ソクラテス 君はそれを質問だと思って尋ねているのかね、それとも何らかの議論の出発点として言っているのかね。

ポロス 私としては尋ねているつもりです。

ソクラテス 少なくとも僕の目には、物の数にも入っていないように見えるね。

ポロス どうして物の数にも入らないと見えるのですか。彼らはそれぞれの国の中でいちばん力があるのではないですか。

ソクラテス いや、違う、もし力があるということで、何かその力がある者本人にとって善いことを君が意味しているのならね。

ポロス いや、もちろん、そのつもりですとも。

ソクラテス そういうことなら、弁論家たちは国の中でも最も力がないように僕には見えるね。

[力があることの内実――「恣意」と「真の欲求」の別について]

C ポロス 何ですって! 彼らはまさに僭主たちと同じように、誰でもお望みの人間を処刑したり、財産を没収したり、誰でも好きな人間を国から追放したりするのではありませんか。

ソクラテス 犬に誓って、本当に判断に苦しむのだが、ポロス、君が述べているそれぞれの点について、君はみずからそれらを主張している、つまり君自身の見解を披瀝しているのか、それとも僕に質問しているのか、どちらなのだね。

ポロス　いや、私としては、あなたに質問しているつもりです。

ソクラテス　まあ、いいだろう、友よ。となると、君は同時に二つのことを僕に尋ねているのだろうか。

ポロス　どうして二つなのですか。

D ソクラテス　たった今、何かこんなふうに君は言ったのではないかね。「弁論家はまさに僭主たちと同じように、誰でもお望みの人間を処刑したり、財産を没収したり、誰でも好きな人間を国から追放したりするのではありませんか」と。

ポロス　確かに。

ソクラテス　それなら、君に言うけれど、その質問は実は二つなのだ。でも、君のために両方に対して答えることにしよう。実際、僕としては主張したいのだが、ポロス、先ほど僕が言っていたように、弁論家にしても、僭主たちにしても、国の中ではいちばん力がないのだ。なぜかというと、彼らは欲していることをいわば何一つなしていない
E からだ。とはいうものの、彼らの目に最善と見えることは何でも行っているのだけれども。

ポロス　だとすれば、それこそ、すごく力があるということになるのではありませんか。

467A

ソクラテス　いや、違う、ポロスが主張するところではね。

ポロス　私がそう主張していないですって！　もちろん、私はそう主張しますとも。

ソクラテス　いや、誓って言うが……確かに君はしていないのだ。というのも、すごく力があることは力がある本人にとって善いものである、と君は認めているのだからね。

ポロス　もちろん、認めますとも。

ソクラテス　それでは、君は人が分別を欠いた状態で、何であろうと最善だと自分に思えることをなす場合、それは善いことだと思うかね。それさえも、君はすごく力があることだと言うつもりだろうか。

ポロス　私はそうは思いません。

ソクラテス　それなら、君は僕を徹底的に論駁して、弁論家たちには分別がそなわっていること、また弁論術も迎合ではなく一個の技術であることを証明してくれるだろうか。だが、もし君が僕を論駁されないままにしておくのなら、国々の中で自分の思いのままにふるまっている弁論家や僭主たちが、そうしたふるまいから何一つ善いものを得ることはないことになるだろう。君の主張によれば、力があるのは善いことではあるけれども、分別を欠いた状態で思いのままにふるまうことについては、それが悪いということに君もまた同意しているのだからね。それとも違うだろうか。

ポロス　私も同意してはいます。

ソクラテス　だとすれば、どうして弁論家や僭主たちは、それぞれの国の中ですごく力があることになるのだろう。もしソクラテスがポロスによってすっかり論駁されて、彼らは本当に欲していることを行っているのだということにならないかぎりね。

B
ポロス　この男ときたら……。

ソクラテス　彼らは本当に欲していることを行っているのだということを、僕は認めない。さあ、僕を論駁してみたまえ。

ポロス　あなたはさっき、彼らが自分たちに最善と思われるままにふるまっていることに同意したのではないですか。

ソクラテス　いかにも、今でも同意するよ。

ポロス　それなら、彼らは本当に欲していることを行っていることになるのではありませんか。

ソクラテス　いや、認めないね。

ポロス　彼らの思いのままにふるまっているのに、ですか。

ソクラテス　それは認める。

ポロス　これはまた、たまげるような突拍子もないことをあなたは言うのですね、ソクラテス。

ソクラテス　悪口はやめたまえ、無二の友ポロスよ——君の言い方を真似して[19]君に呼

C
びかけるのだがね。いや、もし僕を問い質すことが君にできるのなら、僕が間違ったこ

とを言っているのをはっきり示してくれたまえ。だが、もしそうでないなら、自分が答えてくれたまえ。

ポロス いや、答えることにしましょう。あなたが何を言っているのか、私にも分かるように。

［価値の三分と行為の目的］

ソクラテス では、君にはどちらだと見えるだろうか。世の人々は、それが何であろうと彼らがそのつど行う〈当のこと〉（A）を欲しているのだろうか、それとも彼らがまさにそれを行うのが〈そのためであるところのもの〉（B）（目的）を欲しているのだろうか。[*20] 例えば、医者から処方された薬を飲むとき、彼らはまさに彼らがしていること、つまり薬を飲んで苦い思いをすることを欲していると君には見えるだろうか、それとも、健康になることを欲していると。そのために彼らは飲んでいるのだが。

ポロス 言うまでもなく、健康になることを、です。

D

ソクラテス とすると、僕が思うに、（貿易のために）航海する者たちや他の商売に従事する者たちも、欲しているのは、そのつど行っていることではなく——というのも、いったい誰が好き好んで航海に出て、危険な目に遭ったり難儀したりすることを欲するだろうか——、そのために航海しているところのもの、すなわち金持ちになることを欲しているのだ。つまり、彼らが航海するのは富のためなのだ。[*21]

ポロス　確かに。

ソクラテス　そうだとすれば、あらゆることに関しても同様なのではないだろうか。誰かがあること（A）をあること（B）のために行う場合、その人は行っている〈当のこと〉（A）を欲しているわけではなく、それを〈そのために行っているもの〉（B）を欲しているのではないだろうか。

ポロス　そうです。

E ソクラテス　ところで、およそ世にあるもので、善いものでも、悪いものでも、あるいはそれらの中間のもの——つまり善くも悪くもないもの——でもないようなものが何かあるだろうか。

ポロス　それはどうしてもそのうちのどれかにならざるをえないでしょう、ソクラテス。

ソクラテス　では、君は知恵や健康や富やそれ以外のそうしたものについては善いものであると言い、それらと反対のものを悪いものであると言うだろうか。

ポロス　言いますとも。

ソクラテス　では、善くも悪くもないものというのは、こういうもののことを君は言っているのだろうか。つまり、ある時は善さに与（あずか）るが、ある時は悪さに与り、またある
468A 時はどちらにも与らないもの——例えば、座っていることや、歩くことや、走ることや、航海すること、それにまた石とか、材木とか、その他それに類したもの——のこと

B

をね。君はそうしたもののことを言っているのではないかね。それとも、何か他のもののことを善くも悪くもないものと言っているのだろうか。

ポロス　いいえ、そうしたもののことです。

ソクラテス　それでは、人々がそれらの中間的なものを行うとき、善いもののために行うのだろうか、それとも善いものを中間的なもののために行っているのだろうか。

ポロス　もちろん、中間的なものを善いもののためにです。

ソクラテス　とすると、われわれは歩く時には善さを求めて歩くのだし——そのほうが善いと考えてね——、逆に立ち止まる時には同じもののため、つまり善さのために立ち止まるのだ。それとも違うだろうか。

ポロス　いや、そうです。

ソクラテス　だとすれば、われわれが人を処刑したり——誰かを処刑するとしての話だがね——、追放したり、財産を没収したりする場合には、そうするほうがそうしないよりわれわれにとって善いと考えてのことなのだ。

ポロス　もちろんです。

ソクラテス　とすると、そうしたことをする者たちは、善さのために、そうしたことのいっさいをなしているのだ。

ポロス　認めます。

ソクラテス　ということは、われわれが何かのためにすることは、その当のなされる

C こと自体（A）を欲してするのではなく、かのもの（B）――つまり、それらのことをするのは、そのためであるもの――を欲してのことだということに、われわれは同意したことになるのではないだろうか。

ポロス　大いにそうです。

ソクラテス　とすると、人の喉をかき切って殺すことについても、国から追放することについても、財産を没収することについても、そのいずれについても、われわれはそれほど単純に欲しているわけではなく、それらの行為が有益な場合にはそれを行うことを欲するけれども、実は有害であるような場合には欲さないのだ。なぜなら、君の主張によれば、善いものをこそわれわれは欲しているのであって、善くも悪くもないものは欲していないし、悪いものも欲していないからだ。実際、そうではないかね。僕の言っていることは本当だと君に思われるだろうか、それともそうは思われないだろうか、ポロス。どうして答えてくれないのかね。

ポロス　本当だと思われます。

D ソクラテス　それでは、以上の点についてわれわれが同意したからには、仮に誰かが――僭主であろうと弁論家であろうと――そうするほうが自分のためだと考えて、誰かを処刑したり、国から追放したり、財産を奪ったりしたとした場合、たまたまそれがためにならないことだったとしても、確かにその人間は自分の思うがままにふるまっていることにはなるのだ。そうだね。

E

ポロス　そうです。

ソクラテス　では、本当に欲していることも行っているのだろうか。彼がやっていることは実はためにならないことだとしても。どうして答えないのかね。

ポロス　いや、欲していることを行っているようには私には思えません。

ソクラテス　だとすると、そのような人間がその国の中ですごく力がある、などということがありうるだろうか。君も同意したところからすれば、すごく力があるということは何か善いものである以上はね。

ポロス　ありえません。

ソクラテス　だとすると、僕は本当のことを言っていたことになる。つまり、国の中で自分の思うがままにふるまっている人間は、すごく力があるわけでもなければ、本当に欲することを行っているわけでもない、と言っていたのはね。

ポロス　これはもう、あなたときたら、ソクラテス、まるで国の中で自分の思うがままにふるまえないよりも、そうふるまえるほうを選ぶような真似は決してしたくない、とでもいったご様子ですね。また、誰かが自分の思うがままに人を処刑したり、財産を没収したり、投獄したりするのを見ても、少しもうらやましく思ったりしないようですね。

ソクラテス　君は正義にかなった仕方でそうすると言っているのだろうか、それとも正義に反した仕方でと言っているのだろうか。

469A ポロス　どちらの仕方でふるまおうと、いずれの場合もうらやましいのではありませんか。
ソクラテス　口を慎みたまえ、ポロス。
ポロス　いったいどうしてですか。
ソクラテス　なぜかといえば、うらやましがるに値しない者たちをうらやむべきでもなければ、不幸な者たちをうらやむべきでもなく、憐れむべきだからだ。
ポロス　どういうことでしょう。私が今言ったような連中について、あなたはそのような状態にあると思われるのですか。
ソクラテス　どうしてそうでないことがあるだろう。
ポロス　それでは、自分の思うがままに人を殺す者は──それが正義にかなっている場合でも──、不幸で憐れむべきである、とあなたには思えるのですか。
ソクラテス　僕にもそうは思えないけれど、かといって、うらやましいとも思えないね。
B ポロス　たった今、不幸だと言われたではありませんか。
ソクラテス　正義に反した仕方で殺す者のことはね、友よ。おまけに憐れむべきであるともね。だが、正義にかなった仕方で殺す者も、うらやましがるには値しないのだ。
ポロス　実際は、不当にも死んでいく者のほうこそ憐れで不幸なことでしょうけれど。

C

ソクラテス　殺すほうの者ほどではないよ、ポロス。また、死ぬのが正当な者と比べてもね。

ポロス　いったいどうしてです、ソクラテス。

ソクラテス　こういうことだよ。つまり、悪いことの中でも、まさに不正を加えることこそ最大の悪だからだ。

ポロス　それが最大の悪ですって？　不正を加えられることのほうが、より大きいのではありませんか。

ソクラテス　いや、まったく。

ポロス　では、あなたは不正を加えることよりも不正を加えられることのほうを欲するのですか。

ソクラテス　僕としてはどちらも望みたくはないが、もし不正を加えるか、さもなければ加えられるかがどうしても避けられないとしたら、不正を加えるよりは、むしろ加えられるほうを選ぶだろう。

ポロス　ということは、あなたは僭主になることも決して選ばないというのですか。

ソクラテス　決して。僭主になるということで君がまさに僕が言うものを意味しているのだとすれば、だがね。

ポロス　いや、私が言っているのは、今しがた言ったことそのもの、つまり、自分の国で自分の思うがままにふるまうことができるということです。処刑したり、追放したり、自分の思いどおりの仕方で万事取り仕切りながら。

ソクラテス　君もおめでたいね。それでは、僕が話をするから、一つ批判してくれたまえ。その話というのは、こうだ。もし僕が大勢の人間で溢れている広場の中で、袖の下に短刀を隠しもち、君に向かってこう話しかけたとしたら、つまり、

D

「ポロスよ、たった今、この僕には何か僭主のそれのような驚くべき力[22]が生じたのだ。だから、君が目にしているこの連中のうちの誰かが今すぐ死ななければならないと僕に思われるなら、そう思われた人間は誰でも死ぬことになる。また、彼らのうちの誰かが頭をかち割られなければならないと僕に思われるなら、即座にかち割られることになるだろうし、上着が切り裂かれなければならないと思われるなら、切り裂かれることになるだろう。この国の中では、これほどすごい力が僕にはあるのだよ」と。

そこで疑わしそうな目をしている君に僕が短刀を見せたなら、君はたぶんそれを見てこう言うだろう。

E

「ソクラテス、そういう仕方でなら、どの人間にもすごく力があることになるでしょうね。あなたが目をつけた家ならどんな家だろうと、そうしたやり方で火をつけて燃やしてしまうことができるでしょうし、さらにはアテナイ人の造船所も三段櫂船も、国の船も個人の船もひっくるめたすべての船も」とね。

いや、すごく力があるというのは、そういうことではないのだ。つまり、自分の思うがままにふるまうことではないのだよ。それとも、君にはそう思えるかね。

ポロス　もちろん、そうは思えません。そういう仕方では、ですが。

470A ソクラテス　それなら君は、どうして君がそのような力についてはよしとしないのか、その理由を言えるだろうか。

ポロス　言えますとも。

ソクラテス　いったいどうしてだね。言ってくれたまえ。

ポロス　それは、そのようにふるまう者は必ず罰を受けることになるからです。

ソクラテス　ところで、罰を受けるのは悪いことではないだろうか。

ポロス　もちろんです。

ソクラテス　とすると、素晴らしい友よ、今度はまた、君にはこう思われるわけだ。つまり、思うがままにふるまう者にとって、そうふるまうことが有益な結果をもたらすような場合には、それは善いことであり、どうやらそれこそが「すごく力がある」ということである、と。だが、そういう結果が生じない場合には、それは悪いことであり、力がないに等しい、とね。

B 　では、この点も検討してみよう。われわれは、今しがた言っていたこと――人々を処刑したり、追放したり、その財産を没収したりすること――をするのは、時にはそうしたほうが善いこともあるが、時にはそうでないこともある、という点に関しては同意しているのではないだろうか。

ポロス　確かに。

ソクラテス　どうやら、その点だけは君と僕の双方によって同意されているようだね。

ポロス　そうです。

ソクラテス　では、どういう時にそうするほうが善いと君は主張するのだろう。君はどのような基準で線引きするのか、言ってくれたまえ。

ポロス　あなたこそ、ソクラテス、それを答えてください。

C ソクラテス　それなら、僕に言わせてもらうと、ポロス——僕から答えを聞くほうが君には好ましいというのならだが——、人がそうしたことを正義にかなった仕方でするならより善いのであり、正義に反する仕方でそうする場合にはより悪いのだ。

ポロス　これは確かに、あなたを論駁するのはさぞ難しいことでしょうね、ソクラテス。いや、子供でさえ、あなたが言うことは間違っていると論駁できるのではないでしょうか。

ソクラテス　それなら、僕はその子に大いに感謝するだろう。それに劣らず君に対してもね。もし君が僕を論駁して、戯言から解放してくれるなら、だが。さあ、親しい者に恩恵を施すのを躊躇せず、論駁してくれたまえ。

［不正と幸福の両立可能性について］

ポロス　いや、実際、ソクラテス、昔のことを持ち出してあなたを論駁するにはまっ

D たく及びません。というのも、つい昨日一昨日（おととい）に起こったばかりのあのことだけで、あなたを論駁し、多くの人間が不正を犯しながら幸福でいることを証明するのには十分だからです。

ソクラテス　それは、いったいどういうことかね。

ポロス　きっと、あなたはペルディッカスの息子のあのアルケラオス[*23]がマケドニアを支配しているのを目にされていることでしょうね。

ソクラテス　目で見ていないとしても、耳にしてはいるよ。

ポロス　それで、あなたの目に彼は幸福だと見えますか、それとも不幸だと。

ソクラテス　分からないね、ポロス。というのも、まだその男と付き合ったことがないのでね。

E **ポロス**　どういうことですか。付き合ったら分かるけれども、他の仕方では彼が幸福であることを直ちに知ることはできないというのですか。

ソクラテス　ゼウスに誓って、まったくね。

ポロス　これはソクラテス、ペルシア大王[*24]についても、幸福かどうか分からないとあなたが言うだろうことは明白ですね。

ソクラテス　実際また、僕は本当のことを言っていることにもなるだろう。だって、彼が教養と正義に関してどのような状態にあるのか、僕には分からないのだからね。

ポロス　何ですって。幸福の全体がそれにかかっているのですか。

ソクラテス　いかにも、僕の主張するところではね、ポロス。というのも、立派で善良な男女は幸福だが、不正で邪悪な男女は不幸だと僕は主張するからだ。

471A ポロス　とすると、あなたの説に従えば、アルケラオスは不幸だということになるのですか。

ソクラテス　仮に、わが友よ、彼が不正な人間であるならね。

ポロス　いやまったく、どうして彼が不正な人間でないことがあるでしょう。そもそも、今彼が手にしている支配権の何一つとして彼のものではなかったのですから。実は彼はペルディッカスの兄弟であるアルケタスの奴隷だった女から生まれたのであって、正義に従うならばアルケタスの奴隷であり、正義にかなったことを行おうと彼が欲していたなら、アルケタスに奴隷として仕えて、あなたの御説に従えば、さぞ幸福になっていたことでしょうに。

ところが、今や驚くほど不幸になってしまったのです。何せ、めいっぱい不正を犯し
B てしまったのですからね。彼ときたら、まず最初にそのご主人にして伯父であるその人を、ペルディッカスが彼から奪った支配権を返還するからと称して呼びにやり、彼とその息子のアレクサンドロス——自分の従兄弟で、ほぼ同年齢の——を歓待して、したたか酔わせた上で馬車に押し込むと夜中に連れ出し、喉をかき切って二人とも亡き者にしたのです。

彼はそうした不正を犯すことによってこの上もなく不幸になってしまったことに気づ

C くこともなければ、しでかしたことを後悔することもなかったのです。それどころか、その少しあとには自分の兄弟――七歳の子供で、正義に従えば支配権はその子のものになるはずだったペルディッカスの正嫡の息子――を正義にかなった仕方で育て上げ、その子に支配権を返還して幸福になりたいとは思わず、井戸に投げ込んで溺死させたのです。そして、その母親のクレオパトラには、ガチョウを追いかけているうちに落っこちて死んだ、と言ったのです。

　実に、こういうわけで、まさにマケドニア人の中でも最大の不正を犯したがゆえに、今や彼はあらゆるマケドニア人の中で最も不幸であり、最も幸福であるどころではないのです。そういう次第で、あなたをはじめとして、アテナイ人の中には、アルケラオス
D になるくらいなら、他のどんなマケドニア人にでもなるほうがましだ、と言う者がきっといることでしょうね。

ソクラテス　議論のはじめのところでも、ポロス、僕は君を褒めたのだったね。君は弁論術にかけては、よく教育されているように見える、と。だが、議論のやり取りをすることのほうはなおざりにしてきたように見える、とも言ったはずだ。今だって、これが子供でさえそれを用いて僕を論駁できる、という議論なのだろうか。そして、君の思うところでは、今や僕は君によってその議論で論駁されてしまったことになるのだろうか。不正を犯す者は幸福ではないと僕は主張していたのだが。いったいどうしてそうなるのだろう、友よ。実のところ、僕は君が主張していることには何一つ賛成できないの

だ。

E ポロス　それは、あなたがそうしたくないからでしょう。私の言うとおりだと、あなたも思っているくせに。

ソクラテス　君もおめでたいね。というのも、君がやろうとしているのは、まさに弁論家のようなやり方で僕を論駁することだからだ。ちょうど、法廷で論駁していると思い込んでいる連中と同じようにね。つまり、あそこでは、一方の者たちが自分たちの主張する言い分を支持してくれる多くの名のある証人を立て、それに対して反対の主張をしている相手のほうは一人だけしか、あるいは一人も立てられない場合にはいつでも、一方が他方を論駁しているように見えるのだ。だが、その手の論駁は真実にとっては何の値打ちもないのだよ。

472A というのも、時には大勢の、それもひとかどの者と思われている人物たちによって嘘の証言をされる場合もあるからだ。今だって、君が主張していることについては、ほぼすべてのアテナイ人と外国人が異口同音に君に賛成することだろう。君が僕を相手に、僕が真実を語っていないとして証人を立てたいと望む時には、いつでもね。君がお望みなら、ニケラトスの息子のニキアス[*25]やその兄弟が彼と一緒に――ディオニュソスの神域に立っている一連の鼎（かなえ）は彼らが寄進したものだ――、またお望みとあらば、スケリアス
B の息子のアリストクラテスも[*26]――ピュティオス・アポロンの神域[*27]にある例の立派な奉納品は彼が奉納したものだ――、さらにお望みなら、ペリクレスの一家全体や、この地の

C

者の中から君の望むままに選りすぐった他のどの一門でも、君のために証人になってくれるだろう。

しかし、この僕は自分一人だけだとしても、君に同意しない。というのも、君は論理的必然性をもって僕が認めざるをえないようにしているわけではなく、僕を弾劾するための多くの似非(えせ)証人を立てることによって、僕の財産である真実から僕を追い払おうとしているからだ。それに対して、僕のほうは、たとえ君一人だけだったとしても、君自身を、僕が主張していることに賛成してくれる証人として立てることができないなら、何についてわれわれが議論しようと、言うに値するようなことが何一つ僕によって成し遂げられたとは思わないのだ。だが、僕が思うに、君によってもまた何一つ成し遂げられたことにはならないのだ。一人だけだとしても、僕が君のために証人になり、それ以外の連中のすべてを君がお払い箱にしないかぎりはね。

確かに、君や他の多くの連中が考えるような、何かそういった論駁のやり方もあるけれども、僕には僕で、自分が思うところの他のやり方があるのだ。だから、われわれは両者を並べて比較しながら、お互いに何か違う点があるかどうか検討してみることにしよう。というのも、それに関してわれわれが意見を異にしている事柄は、決して些細な問題ではなく、まさにそれについて知ることはこの上もなく立派なことであり、知らないことは最も恥ずべきことだと言っても差し支えないものだからだ。すなわち、その問題の核心は、〈誰が幸福であり、誰が幸福でないのか〉を知るか、さもなければ知らずにいるか、という点にあるのだからね。

D　そこで、まずはわれわれが今それをめぐって議論している問題から始めると、君の考えでは、人は不正を犯し、不正な人間でありながら、この上もなく幸福でいられる、というわけだ。アルケラオスは不正な人間ではあるが幸福である、と君は考えているのだからね。われわれは君がそのようにみなしているものと考えていいのだね。

ポロス　大いにけっこうです。

ソクラテス　だが、僕に言わせてもらえば、それは不可能なのだ。まさにその点が、われわれが意見を異にしていることの一つだね。いいだろう。不正を犯していてさえ幸福になりうる、というわけだ。それは、はたして裁きと不正の報いを受けることになったとしても、だろうか。

ポロス　とんでもない。そうなったとしたら、この上もなく不幸になることでしょうからね。

E　ソクラテス　ということは、君の説に従えば、不正を犯した者は裁きを受けることにならない場合に幸福になるのだね。

ポロス　そう主張します。

ソクラテス　それに対して、僕の見解ではこうだ、ポロス。不正を犯す者、不正な者はあらゆる点で不幸なのだが、不正を犯しながら裁きを受けることも報いを受けることもない者のほうがいっそう不幸なのだ。それに対して、神々と人間による裁きを受けて

473A 罰せられる者は、そこまで不幸ではないのだ。

ポロス　これはまた変わったことを、ソクラテス、あなたは言おうとされるのですね。

［ポロス論駁(1)――「不正を加えられること」のほうが「不正を加えること」よりも悪いという主張の論駁］

ソクラテス　ところが、僕としてはね、友よ、君にも僕と同じことを言わせるように試みるつもりなのだ。だって、君は友だちだと僕は思っているのでね。ところで、僕たちが意見を異にしているのは、こういった点だったね。君も一つ考えてみてくれたまえ。僕はさっきの議論の中で確か、不正を加えることは不正を加えられることよりも悪いと言ったはずだね。

ポロス　いかにも。

ソクラテス　だが、君は不正を加えられるほうだと言ったのだ。

ポロス　そう。

ソクラテス　さらに僕は不正を犯す者は不幸なのだと主張して、君によってすっかり論駁されたのだ。

ポロス　ゼウスにかけて、そのとおり。

B ソクラテス　君の思うところでは、だがね、ポロス。

ポロス　真実は私が考えているとおりですよ。

ソクラテス　たぶんね。他方、君はまた、不正を犯す者たちは罰を受けないなら幸福である、と考えている。

ポロス　まったくそのとおり。

ソクラテス　だが、僕は彼らこそ最も不幸であり、罰を受ける者たちはそこまで不幸ではない、と主張する。その点についても、君は論駁したいと思うかね。

ポロス　いや、それを完全に論駁するのは先ほどの主張を論駁すること以上に難しいことでしょうね、ソクラテス。

ソクラテス　とんでもない、ポロス。それどころか不可能なのだ。というのも、真実が論駁されることは決してないからだ。

ポロス　それはどういう意味ですか。人が不正を犯そうとしている、つまり僭主の座
C につこうと企(たくら)んでいるところをつかまって、とらわれの身で拷問されたり、去勢されたり、両目を灼(や)かれてえぐり出されたり、さらにその他のありとあらゆる甚(はなは)だしい危害を山ほど自分自身が加えられた上に、自分の子供たちや妻もまたそれを加えられるのを目のあたりにした挙げ句、最後には磔(はりつけ)にされたり火あぶりにされたりしたとしても、その者は、うまく監視の目をかいくぐって僭主となり、権力を手に国の中で好き勝手にふ
D るまい続けて一生を終えた場合――世の羨望の的となり、自国民からも他の国民からも祝福されながら――より幸福だということになるのですか。それを論駁するのが不可能

E

だと、あなたは言うのですか。

ソクラテス　これはまた、高貴な生まれのポロスよ、今度はお化けで人を脅して、論駁はしないというわけだ。さっきは証人を担（かつ）ぎ出したりしておいてね。それでも、ちょっと僕に思い出させてくれたまえ。君は「もし人が不正にも僭主の座につこうと企んでいる場合」と言ったね。

ポロス　いかにも。

ソクラテス　さて、彼らのうちのどちらも――つまり、不正に僭主の座を手に入れた者も、罰せられた者のいずれも――相手より幸福であることには決してならないだろうが――というのも、二人とも不幸なのに、一方が他方より幸福であることはありえないだろうからね――、そうはいっても、うまく目をかいくぐって僭主の座につくことができた者のほうが、いっそう不幸なのだ。ポロス、何だい、それは。君は笑っているのかね。それがまた論駁の別の手というわけか。人が何かを言った時に嘲笑（あざわら）うというのがね。論駁することはしないで。

ポロス　もうすっかり論駁されてしまったと、あなたは思わないのですか、ソクラテス。人間のうちの誰一人として認めないようなことを主張していながら。そんなことはないと言われるのなら、試しに、ここにいる人たちの誰かに尋ねてみてごらんなさい。

ソクラテス　ポロスよ、僕は政治向きの人間ではないのだ。昨年も評議会の委員に抽選で当たった[*28]のだが、つまり僕の部族が議長役を務めることになって僕が投票にかけな

474A ければならなかったのだけれど、投票させる手続きを知らなかったものだから物笑いの
種になった次第なのだ。そういうわけだから、今もまた、ここにいる人たちに投票させ
るよう僕に命じたりしないで、もし君が以上のものよりましな論駁を持ち合わせていな
いのなら、僕がたった今言ったこと、つまり順番に従って今度は僕に譲り、僕がそうあ
るべきだと思う論駁を試しに受けてみてくれたまえ。
というのも、僕はその他大勢の連中にはさよならして、自分が主張することの証人を
一人だけ——その人相手に僕が議論している当の相手のことだけれど——立てることし
か知らないのだが、その一人については投票させる術を心得ているからだ。その他大勢
と議論を交わすことは少しもしないでね。そういうわけだから、君も尋ねられたことに
B 答えながら交互に論駁を受ける用意があるかどうか、考えてくれたまえ。それというの
も、僕は本当にそう思っているのだが、僕も君も他の人間たちも、不正を加えることは
不正を加えられることより悪く、また罰を受けないことは罰を受けることより悪いと考
えているからだ。

ポロス　ところが私は、この私にしても他のどんな人間にしても、誰一人としてそう
は思っていないと考えるのです。だって、あなたは不正を加えることよりも不正を加え
られることのほうを選ぶとでも言うのですか。

ソクラテス　君も、他のすべての人間もね。

ポロス　とんでもない。いや、私にせよ、あなたにせよ、他の誰にせよ、そんな者は

C 一人もいないでしょう。

ソクラテス　とすると、もう答えてくれないのだろうか。

ポロス　もちろん、答えますとも。というのも、いったいあなたが何を言おうとされているのか、私もぜひ知りたいからです。

ソクラテス　よし、それなら、もう一度はじめから君に僕が質問し直しているつもりで、僕に言ってくれたまえ。君にも分かってもらえるようにね。では、ポロス、君にはどちらのほうがより悪いと思えるだろうか。つまり不正を加えることのほうだろうか、それとも不正を加えられることのほうだろうか。

ポロス　私に思われるところでは、不正を加えられるほうです。

ソクラテス　それでは、どうだろう。より醜いのは、不正を加えることのほうだろうか、それとも不正を加えられることのほうだろうか。答えてくれたまえ。

ポロス　不正を加えることのほうです。

ソクラテス　だとすると、より醜い以上は、より悪くもあるのだ。

ポロス　とんでもない。

D ソクラテス　分かった。どうやら君は「美しいこと」と「善いこと」、「悪いこと」と「醜いこと」が同一だとは考えていないようだね。

ポロス　まったく考えていません。

ソクラテス　では、この点についてはどうだろう。あらゆる美しいもの、例えば肢体とか色彩とか形とか声や、またさまざまな営み[*29]について、君はそのつど、これといって何かに注目することもなく、ただ美しいと呼ぶのだろうか。例えば、まず美しい肢体について取り上げるなら、君は有用性という観点から——つまり、それのために個々のものが有用であるような、そういうものにとって、ということだが——美しいと言うか、さもなければ、快楽という観点からそう言うのではないだろうか。もしそれが眺めている者たちに眺めることだけで喜びを覚えさせるような場合にはね。肢体の美しさについて、君はそれら以外に何か挙げることができるかね。

E ポロス　できません。

ソクラテス　だとすれば、形にせよ、色彩にせよ、肢体以外のあらゆるものについても同様であって、快楽のゆえにか、有益さのゆえにか、あるいはその両方のゆえに、美しいと君は呼ぶのではないだろうか。

ポロス　いかにも。

ソクラテス　声や音、また音楽に関するすべてについても同様ではないだろうか。

ポロス　そうです。

ソクラテス　それでは、法律やさまざまな営みに関するものについてもまた、きっとそれらの要素、つまり有益であるか、快いものであるか、両方であるか、ということを抜きにしては美しいものではありえないだろうね。

475A ポロス　私にはありえないように思われます。

ソクラテス　それでは、学習されるべき事柄の美しさ[*30]についても同様だろうか。

ポロス　大いにそうです。今度は実に見事に整理されて[*31]いますね、ソクラテス。美しさを快さと善さによって規定することで。

ソクラテス　それなら、「醜さ」は反対のものによって、つまり「苦痛」と「悪さ」によって規定されるのだろうか。

ポロス　そうなるのが必然です。

ソクラテス　だとすると、二つの美しいもののうちの一方が他方より美しい場合には、それらの要素の片方もしくは両方の点で上まわっているから、より美しいことになる。つまり、快楽か、有益さか、さもなければ両方の点でね。

ポロス　大いにそうです。

ソクラテス　それに対して、二つの醜いもののうちの一方が他方より醜い場合には、
B 苦痛か悪さの点で上まわっているから、より醜いことになるだろう。そうなるのが必然ではないかね。

ポロス　そうです。

ソクラテス　よしきた！　今しがた、不正を加えることと不正を加えられることについて、どのように言われていただろうか。君は、不正を加えられるほうがより悪いけれども、不正を加えるほうが醜い、と言っていたのではないかね。

ポロス　言いました。

ソクラテス　それなら、不正を加えるほうが不正を加えられるほうよりも醜いというからには、より苦痛に満ちていて苦痛の点で上まわっているからか、さもなければ悪さの点あるいは両方の点で上まわっているから、より醜いことになるのではないだろうか。それもまた当然の帰結ではないかね。

ポロス　どうしてもそうなります。

C ソクラテス　では、まず最初に、不正を加えることのほうが不正を加えられることよりも苦痛の点で上まわっていて、不正を加える者たちのほうが不正を加えられる者たちよりももっと苦しい思いをするのかどうかについて、考察してみることにしよう。

ポロス　決してありません、ソクラテス、そういうことはね。

ソクラテス　とすると、苦痛の点では上まわっていないのだ。

ポロス　もちろん、違います。

ソクラテス　それならば、苦痛の点で上まわっていないとするなら、両方の点で上まわることも、もはや決してないだろう。

ポロス　ないように思われます。

ソクラテス　してみると、もう一つの点で、ということだけが残されていることになる。

ポロス　そうです。

ソクラテス　悪さの点で、ということだね。

ポロス　そのようです。

ソクラテス　だとすれば、不正を加えることのほうが悪さの点で上まわっているからこそ、不正を加えられることよりも悪い、ということになるだろう。

ポロス　明らかにそうです。

D ソクラテス　ところで、不正を加えるほうが不正を加えられるより醜いということに関しては、[*32]大勢の人間たちによって同意されているし、また前のところでは君も僕に同意してくれたのではないかね。

ポロス　そうです。

ソクラテス　ところが、今や、より悪いものであることが判明したのだ。

ポロス　そのようです。

ソクラテス　では、君はより悪くて醜いもののほうを、それほどでもないものに代えてまで選び取るだろうか。答えるのを尻込みしないでくれたまえ、ポロス。だって、何一つ危害を加えられるわけではないのだからね。さあ、生まれのよさにふさわしく、医者に身を委ねるようにして、言論に身を委ねて答えてくれたまえ。そして、僕が尋ねていることを肯定するか、さもなければ否定するかしたまえ。

E ポロス　いや、私は決して選び取らないでしょう、ソクラテス。

ソクラテス　では、誰か他の人間はそうするだろうか。

ポロス　少なくとも今の議論に従えば、そうする者はいないように私には思えます。

ソクラテス　とすると、僕は真実を語っていたわけだ。つまり、僕にせよ、君にせよ、他のどんな人間にせよ、不正を加えられることよりも不正を加えることのほうを選び取ることは決してない、と言っていたのはね。だって、それはより悪いことにほかならないのだから。

ポロス　そのように思われます。

ソクラテス　ほらね、こうしてみると分かるだろう、ポロス。僕の論駁を君の論駁と並べて比べてみると、何一つ似ていないことが。君には僕以外の他のすべての人間が賛成しているけれども、僕には君一人だけでも賛成して証言してくれさえすれば十分なのだ。だから、僕は君だけに投票してもらうことにして、それ以外の連中のことはうっちゃっておくのだ。

476A

さて、以上の点については、われわれが論じてきたとおりだとしておこう。

［ポロス論駁(2)──「罰を受けること」のほうが「罰を受けないこと」よりも悪いという主張の論駁］

次に、僕たちが二番目に意見を異にしていた点について検討することにしよう。つまり、はたして君が考えているように、不正を犯して罰を受けることが悪いことの中でも最悪のものなのか、それとも僕は僕で考えていたように、罰を受けないことのほうがより大きな悪いことなのか、という点だ。この点については、こういうふうに検討することにしよう。君は罰を受けることと、不正を犯した者が正義に則って懲らしめられることは同じことだと言うだろうか。

B

ポロス　いかにも。

ソクラテス　それでは、正しいことのすべてが美しいとは限らない、と君は言うことができるだろうか。それらが正しいかぎりにおいてね。よく考えた上で言ってくれたまえ。

ポロス　いや、私にはすべてが美しいと思われます、ソクラテス。

ソクラテス　さあ、それでは、この点についても考えてみてくれたまえ。仮に誰かが何か事を行うとした場合、何かその行う者によって作用を受けるもの[*33]も存在するのが必然ではないだろうか。

ポロス　私には、そう思えます。

ソクラテス　とすると、作用の主体が与える作用をこうむることで、その作用の受け手は、作用の主体が与える作用と同様の性質を帯びたものになるのではないだろうか。僕が言おうとしているのは、こういうことだ。もし誰かが殴るとするなら、何かが殴られるのは必然だね。

ポロス　必然です。

C

ソクラテス　また、もし殴る者がしたたかに、あるいは勢いよく殴るなら、殴られるほうの者もまた同様の仕方で殴られるのは必然だろうか。

ポロス　はい。

ソクラテス　とすると、殴られるほうにも、殴るほうが加える作用と同様の影響をこうむることが生じるのだ。

ポロス　いかにも。

ソクラテス　だとすれば、誰かが灼（や）く[*34]場合にも、何かが灼かれるのは必然なのだ。

ポロス　当然です。

ソクラテス　そして、激しく、あるいは苦痛に満ちた仕方で灼く場合には、灼かれるほうが、灼くほうが灼くのと同様の仕方で灼かれることも必然なのだ。

ポロス　確かに。

ソクラテス　では、誰かが切る場合も同じ理屈があてはまるだろうか。実際、何かが切られるのだからね。

ポロス　はい。

ソクラテス　そして、仮にその切り口が広範囲か、深いか、あるいは傷みをともなう
D ような場合には、切られるほうは、切るほうが切るのと同様の切られ方をすることになるのだろうか。

ポロス　明らかにそうです。[*35]

ソクラテス　では、ひとまとめにして、僕がたった今言ってきたことに君が同意するかどうか、一つ見てくれたまえ。つまり、あらゆることに関して、作用を加えられるほ

うは、作用を加えるほうが加える作用と同様の性質を受け取ることになる、ということにね。

ポロス　いや、同意します。

ソクラテス　以上の点がしかと同意されたので尋ねるけれども、罰を受けることは何かを加えられることだろうか、それとも作用を与えることだろうか、どちらだろう。

ポロス　それは必然的に、作用を加えられることです。

ソクラテス　ということは、何か作用を与えるものによってだろうか。

ポロス　もちろんです。懲らしめる者によってです。

ソクラテス　しかるべき仕方で懲らしめる者は、正義にかなった仕方で懲らしめるのだね。

E

ポロス　そうです。

ソクラテス　それは正しいことをなしながらだろうか、それともそうではないのだろうか。

ポロス　正しいことをです。

ソクラテス　だとすれば、罰を受けて[*36]懲らしめられる者は、正しいことをなされているのだ。

ポロス　そのようです。

ソクラテス　ところで、正しいことは美しいと同意されたはずだね。

477A

ポロス　確かに。

ソクラテス　とすると、彼らのうち、一方は美しいことをなし、もう一方、つまり懲らしめられる者はそれをなされるのだ。

ポロス　そうです。

ソクラテス　それでは、美しいからには、善いものでもあるのだね。というのも、美しいものは快いものであるか、さもなければ有益なものであるはずだからね。

ポロス　必然的にそうなります。

ソクラテス　とすると、罰を受ける者は善いことをなされるのだろうか。

ポロス　そのようです。

ソクラテス　ということは、利益をもたらされるということだろうか。[*37]

ポロス　そうです。

ソクラテス　もたらされるのは、まさに僕が理解しているとおりの利益だろうか。つまり、その者は魂がよりよくなるのだ。[*38]正義に則って懲らしめられるのだからね。

ポロス　そういうことになりそうですね。

ソクラテス　とすると、罰を受ける者は魂の悪い状態（悪徳）から解放されるのだろうか。

ポロス　そうです。

ソクラテス　ということは、最大の悪から解放されることになるのだね。一つ、こう

B いうふうにして検討してみてくれたまえ。人の[*39]資産状況に関して、貧困以外に君は何か他の悪い状態を見出せるだろうか。

ポロス　いいえ、貧困がそれです。

ソクラテス　では、身体の状態に関してはどうだろう。その悪い状態として、君は虚弱さや、病気や、醜さや、それに類したものを挙げることだろうね。

ポロス　いかにも。

ソクラテス　それでは、魂のうちにも何か邪悪なものがあると君は考えるだろうか。

ポロス　もちろんです。

ソクラテス　君はその邪悪なものを、不正とか、無知とか、臆病さとか、その類いの名前で呼ぶのではないだろうか。

ポロス　確かにそうです。

C **ソクラテス**　以上からすると、財産と身体と魂、この三つのものがあり、三つの邪悪な状態——つまり貧困と病気と不正の三つ——がある、と君は述べたことになるのだろうか。

ポロス　そうです。

ソクラテス　では、これらの邪悪な状態の中で、どれがいちばん醜いだろうか——それは不正や、要するに魂の邪悪さではないだろうか。

ポロス　大いにそうです。

ソクラテス　いちばん醜いとすれば、いちばん悪くもあるのだね。

ポロス　それはどういう意味ですか、ソクラテス。

ソクラテス　こういうことだよ。前に同意されたことからすると、最も醜いものというのは、いつでも最大の苦痛もしくは害悪、もしくはその両方を与えるから最も醜いのだ。

ポロス　大いにそうです。

ソクラテス　ところで、たった今、最も醜いのは不正など、魂のありとあらゆる邪悪さであるということがわれわれによって同意されたのだったね。

D ポロス　確かに同意されました。

ソクラテス　してみると、魂の邪悪さは、それがもたらす苦痛もしくは害悪もしくは両方の点で上まわっているから、先ほどの三つの中で最も苦痛に満ち、最も醜いことになる。

ポロス　必然的にそうなります。

ソクラテス　では、不正であったり、放埒であったり、臆病であったり、無知であったりすることは、貧乏していることや病気であることよりも苦痛に満ちているだろうか。

ポロス　僕にはそうは思えません、ソクラテス。少なくとも、これまで論じられたところからは。

ソクラテス　だとすると、何か途轍もなく大きな害と驚くほどの悪においてそれ以外
E のものを上まわっているから、魂の邪悪さはあらゆるものの中で最も醜いことになる。
君の説によれば、苦痛において上まわっているわけではないのだからね。

ポロス　そのように見えます。

ソクラテス　いや、実際、与える害悪がいちばん大きい点で突出しているものこそ、世にあるものの中でも最大の悪であることになるだろう。

ポロス　そうです。

ソクラテス　とすると、不正や放埒、またその他の魂の邪悪さこそが、世にあるものの中で最大の悪なのだ。

ポロス　そのように思われます。

ソクラテス　では、どの技術が貧困から解放してくれるだろうか――蓄財術ではないかね。

ポロス　そうです。

ソクラテス　では、病気からは、どの技術だろうか――医術ではないかね。

478A ポロス　当然です。

ソクラテス　では、邪悪さと不正からは、どの技術だろうか。もし君がそういう仕方ではうまく答えられないというのなら、こんなふうに考えてみたまえ。われわれは身体を病んでいる者たちを、どこに、つまり誰のところに連れていくだろうか。

ポロス　医者のところにです、ソクラテス。

ソクラテス　では、不正を犯した者たちや放埒にふるまっている者たちはどこにだろうか。

ポロス　裁判員のもとに、と言いたいのですか。

ソクラテス　そうするのは罰を受けるためだね。

ポロス　そう主張します。

ソクラテス　ところで、適切な仕方で懲らしめる者は、正義を司る何らかの術を用いて懲らしめるのではないだろうか。[*40]

ポロス　明らかにそうです。

B

ソクラテス　だとすれば、蓄財術は貧困から解放し、医術は病気から、そして司法は[*41]放埒と不正から解放するのだ。

ポロス　そのように思われます。

ソクラテス　それでは、それらの中でどれが最も立派で美しいだろう。

ポロス　あなたが言うのは、どういうものの中で、でしょうか。

ソクラテス　蓄財術と医術と司法だよ。

ポロス　それは断然、ソクラテス、司法ですよ。

ソクラテス　それではまた、それは最大の快楽をもたらすか、それとも最大の利益をもたらすか、あるいはその両方をもたらすのだね。最も立派で美しいものである以上は。

ポロス　そうです。

ソクラテス　では、治療を受けることは快くて、治療を受けている者たちは喜びを覚えているだろうか。

ポロス　私にはそうは思えません。

ソクラテス　しかし、有益ではあるのだ。違うかね。

ポロス　そうです。

C
ソクラテス　というのは、その者は大きな害悪から解放されることになり、その結果、苦痛に耐えることが健康になるという利益につながるからだ。

ポロス　もちろんです。

ソクラテス　ところで、そういう仕方で、つまり治療を受けることによって、人は身体に関して最も幸福になるのだろうか。それとも、もともと病気になったりしないことによってだろうか。

ポロス　それはもちろん、もともと病気になったりしないほうです。

ソクラテス　というのも、どうやらそのこと、つまり悪から解放されることが幸福なのではなく、そもそも悪をもたないことこそが幸福のようだからだ。

ポロス　確かに、そのとおりです。

［幸福度ランキング］

D ソクラテス　では、どうだろう。身体の中にであれ、魂の中にであれ、悪いものを抱
えている二人の人間がいるとして、どちらのほうがいっそう不幸だろうか。治療を受け
て悪から解放された者のほうだろうか、それとも治療を受けずに抱え込んだままの者の
ほうだろうか。

ポロス　私には治療を受けていない者のほうだと思われます。

ソクラテス　ところで、罰を受けることは最大の悪、つまり邪悪さから解放されることだったね。

ポロス　確かにそういうことでした。

ソクラテス　というのは、司法による裁き[*42]が節度をもたらして彼らをより正しい者にする、つまり邪悪さを癒す術になるからだろう。

ポロス　そうです。

ソクラテス　とすると、最も幸福なのは魂の中に悪徳をもたない者だということにな
E る。それこそが悪いものの中でも最大のものであることが明らかになった以上はね。

ポロス　明らかにそうです。

ソクラテス　二番目に幸福なのは、解放された者だろう。

ポロス　そのようです。

ソクラテス　それは過ちに気づかされ、叱責され、罰を受ける者だ。

ポロス　そうです。

ソクラテス　以上からすると、不正を[*43]抱えたまま解放されていない者こそ最悪の生き方をすることになるのだ。

ポロス　そのように思われます。

ソクラテス　とすると、その人間とは、まさにこういう男のことだろうか。つまり、誰であれ、最大の不正を犯しているにもかかわらず、この上なく不正な手段を用いて、
479A 過ちに気づかされることもなければ、懲らしめられることも罰を受けることもないように最後までやり遂げるような人間のことだ。まさに君の言うとおり、アルケラオスやそれ以外の僭主たちや弁論家や権力者たちが成し遂げたようにね。

ポロス　そのようです。

ソクラテス　そういう連中はね、優れた友よ、実のところ次のような者と同じことをやり遂げているのも同然なのだ。つまり、誰かが最も重大な病を患(わずら)っていながら、医者にかかって身体に関する過ちの償いをすることもせずに、治療されないままで済むように計らいおおせる場合とまったく同じことをね。まるで子供みたいに、痛いからという
B 理由で灼(や)かれたり切られたりするのを怖がってね。それとも、君にはそのように思われないだろうか。

ポロス　私にはそのように思われます。

ソクラテス　そういった人間は、健康、すなわち身体の良好な持ち前[*44]がどういうもの

なのか、どうやら知らないと見えるね。実際、今われわれによって同意された事柄からすると、罰を免れている者たちもまた、ポロスよ、何かこういうことをしているようだからだ。すなわち、罰を受けることの苦しさだけに目をとめて、有益さには盲目で、また健全なところのない、罅（ひび）だらけの、不正かつ不敬虔な魂とともに生きることのほうが、身体が不健康な状態で生きることよりどれほど不幸であるのかも分からないようなのだ。

C それが因（もと）で、彼らは罰を受けることも最大の悪から解放されることもせずに済むようにと、お金や友人を調達し、またできるだけ説得的に語れるようになるべく、ありとあらゆる策を講ずるのだ。

さて、われわれが同意したことが真実だとすれば、ポロス、君は以上の説から生じる帰結を見て取れるだろうか。それとも、一緒にその帰結を数え上げてみることにしようか。

ポロス どうしてもそうしたほうがよいとあなたに思われるのであれば。*45

ソクラテス では、聞くけれど、不正と不正を加えることが最大の悪であることが結論として判明しただろうか。

ポロス そのようではありますね。

ソクラテス さらにまた、罰を受けることがその悪からの解放にほかならないことも明らかになったのだね。

D ポロス　そのようです。

ソクラテス　それに対して、罰を受けないことは悪がとどまり続けることだったね。

ポロス　そうです。

ソクラテス　とすると、数ある悪の中でも、不正を加えることはその大きさにおいて二番目のものなのだ。それに対して、不正を犯しながら罰を受けないことこそ、その本性からして、あらゆる悪の中でも最大にして第一のものなのだ。

ポロス　そのようです。

ソクラテス　ところで、友よ、われわれはこの点について意見を異にしていたのではなかっただろうか。つまり、君は不正の限りを尽くしながらいかなる罰も受けていない
E アルケラオスを幸福だとみなしているのに対して、僕のほうは反対にこう考えているの
だ。つまり、アルケラオスだろうと、他の誰であろうと、不正を犯しながら罰を受けな
い者にこそ、不幸であることがそれ以外の人間よりもはるかにふさわしいのだ、とね。
また、不正を加える者は不正を加えられる者より、罰を受けない者は罰を受ける者より、常に不幸なのだと考えているのだ。

僕によって主張されたことは、以上ではなかっただろうか。

ポロス　そうです。

ソクラテス　では、真実が語られたということは証明されただろうか。

ポロス　そのように見えますね。
480A ソクラテス　よかろう。さて、もし以上のことが真実だとすると、ポロス、弁論術に
そなわる大いなる効用とはどういうものだろう。というのも、今同意されたことからす
れば、人は不正を犯すことがないように、自分自身、最大限の注意を払わなければなら
ないからだ。犯せば、しこたま悪を抱え込むことになるのだからね。違うだろうか。
ポロス　確かに。
ソクラテス　それに対して、自分自身、あるいは自分が気にかけている誰か他の者が
不正を犯したような場合には、みずから進んで最も早く罰を受けられるところに――つ
まり、医者のもとに行くのと同じように、裁判員のもとに――駆けつけなければならな
B い。それは何のためかといえば、不正の病を長引かせ、魂を内から化膿させて治療不可
能な状態にしないためだ。
　それとも、どう言ったものだろうね、ポロス。前にわれわれによって同意されたこと
が生きているとして、だが。今のように言えば、その内容は先に同意されたことと一致
するけれども、それ以外の仕方では一致しないことになるのは避け難いのではないだろ
うか。
ポロス　確かに、他にどう言ったらいいのでしょう、ソクラテス。
ソクラテス　とすると、自分自身や両親や仲間や子供たちや祖国の不正を弁護する目
C 的のためには、弁論術はまったくわれわれの役に立たないのだ、ポロス。もし人が逆の

目的のために使うことを考えるのでなければ、だが。つまり、何よりもまず自分自身を告発し、次に身内の者たちや、それ以外の友人たちの中の誰であろうと、その時々に不正を犯した者を告発し、不正な所業を隠蔽せずに暴露しなければならない。それはその者が罰を受け、健全になるためだ。そして、自分自身とそれ以外の者たちを、怖じ気づくことなく、ちょうど医者に切ったり灼いたりしてもらうように、しっかり目を閉じて、勇敢に身を委ねさせるように強いなければならない。

善くかつ美しいことだけを追求し、みずから自分自身と自分以外の身内の者を真っ先
D に告発する者となり、苦痛のことは考慮せず、不正を犯してしまって笞打ちの刑に値する場合には打たれるに任せ、鎖に繋がれるに値する時は繋がれるに任せ、罰金刑に値する時には支払い、また追放に値する場合には退去し、死刑に値する時には死ぬことによって。このために——つまり、不正な所業が白日の下にさらされ、最大の悪である不正から全員が解き放たれるために——、まさにその目的のために弁論術を用いながらね。

このようにわれわれは主張すべきだろうか、それとも主張すべきではないだろうか、ポロス。

ポロス　少なくとも私にはおかしな話に思えます、ソクラテス。とはいいながら、お
E そらくあなたから見れば[*46]、前に言われたことと合致しているのでしょう。

ソクラテス　だとすれば、前の議論をご破算にしなければならないか、さもなければ以上の結論が出てくるのは避け難いのではないだろうか。

ポロス　はい、その点についてはそうですね。

ソクラテス　しかし、また立場を逆にして、敵であろうが誰であろうが、仮に誰かに
害を与える必要がある場合には、[47]ただし自分自身は敵によって不正を加えられることが
ないような場合のことだが——だって、それは用心すべきことだからね——、そうした
場合には、もし敵が誰か他の人間に不正を加えたなら、ありとあらゆる仕方で——行動
481A も起こせば、弁舌もふるいながら——その者が罰を受けることも、裁判員のもとに赴く
こともないように、策を講じるべきなのだ。
だが、いったん赴いてしまった場合には、敵がうまく罪を免れて罰を受けることがな
いように画策しなければならない。多額の金銭を盗んだ場合には、それを返さずに所持
したまま、自分自身と身内の者たちのために不正かつ不敬虔な仕方で蕩尽するように、
また仮に死に値する罪を犯した場合には、死ぬことがないように、とね。その場合、決
B して死ぬことがなく邪悪なまま不死の身であるのがいちばんだが、そういかない場合に
は、そのような人間のまま、できるだけ長生きするようにね。

　僕の見るところ、そういったことのためにこそ弁論術は有効なのだよ、ポロス。とい
うのも、不正を働こうとしない人間にとっては、仮に何らかの効用があるとしても、そ
の効用はあまり大したものではないように僕には思われるからだ。以前の議論のどこに
おいても、その効用が明らかになったことがないのを見てもね。

訳註

＊1　この不整合（anacolutha）を含んだ文章の構造については、Cf. Dodds (ed.), 221. ポロスの憤慨ぶりを巧みに表現したものと言えよう。
＊2　ドッズには従わず、関係代名詞の ho を poiēsai の意味上の主語にとる。Cf. Dodds (ed.), 223.
＊3　原語は先に「経験」と訳した empeiriā だが、ここではこのように訳す。
＊4　オリュンピオドーロスの註釈を参考にして訳出する（Norvin (ed.), 67）。
＊5　「喜び」の原語は charis.「快楽」の原語は hēdonē. ともに今後の議論の展開の中で重要な役割を果たすことになる。
＊6　この部分の科白の割り振りに関しては、有力写本に従うバーネットではなく、オリュンピオドーロスに従うドッズの見解を採用し、ソクラテスの科白とする（Dodds (ed.), 224）。
＊7　「迎合」の原語は kolakeiā で、「追従」、「ご機嫌とり」、「ごますり」とも訳せる。作品終盤では、アテナイの現実政治に対する批判のキーワードになる。
＊8　ポロスは「仔馬」——ここではむしろ「若駒」か——をも意味する。ドッズはここに一つの洒落、言葉遊び（a pun）を見ている（Dodds (ed.), 226）。
＊9　四六四B一の echei を to sōma と tēn psȳchēn の状態を説明するものととる訳が一般的なようであるが、関係代名詞 ho の述語動詞ととる。Poiei men … echei de が対をなし、echei のあとに poiein eu が略されていると考える。echō ＋不定詞の構文は、少し先の四六四B五にも見られる（houtōs onomasai ouk echō）。

＊10　ドッズ（Dodds (ed.), 227）に倣って houtōs を offhand（即座に）ととる訳者が多いようであるが、「そのような仕方で」あるいは「そんなふうに」、「そのように」のほうが適切だと思われる。

＊11　テクスト的にも解釈の上でも難渋する箇所だが、明快さを優先してこのように訳す。なお、適用する対象と適用される物の双方についての知識の不可欠性については、『パイドロス』二六八A―Bおよび二七一における医術と技術としての哲学的弁論術の要件についてのソクラテスの発言を参照（Dodds (ed.), 229-230）。

＊12　原語は「形」を意味する schēma の複数与格形であるが、意訳する。例えば、詰めものをして恰幅よく見せたり、かかとの高い靴を履いて背を高く見せることなどが考えられる。

＊13　原語は「色」を表す chrōma の複数与格。口紅やおしろいの類いであろう。

＊14　原語は「滑らかさ」を表す leiotēs の単数与格。オリーブ油を塗ることなどが考えられる。

＊15　ドッズは、四六五B三の化粧術のあとに女性の関係代名詞 hē の与格を補っているが（Dodds (ed.), 230）、それには従わない。

＊16　「体育術に対する化粧術の関係に、医術に対する料理術の関係は等しいということだ。いや、むしろ、こう言ったほうがいいかな」の部分をトンプソンは括弧に入れ（Thompson (ed.), 38）、バーネットは削除しているが、この箇所に関しては有力写本に拠るドッズに従う（Dodds (ed.), 231）。

＊17　試みに図示すれば、次頁のとおり。

＊18　アナクサゴラス（前五〇〇頃―前四二八年頃）は、小アジアのクラゾメナイ出身の哲学者。引用されているのは、ディールス＝クランツ第五九節の断片B1の冒頭部分である（Diels und Kranz (hrsg.), 59, B1）。

＊19　ソクラテスが意味しているのは、原文で長母音のオメガを繰り返している点を指すと考えられる。Cf. Dodds (ed.), 235.

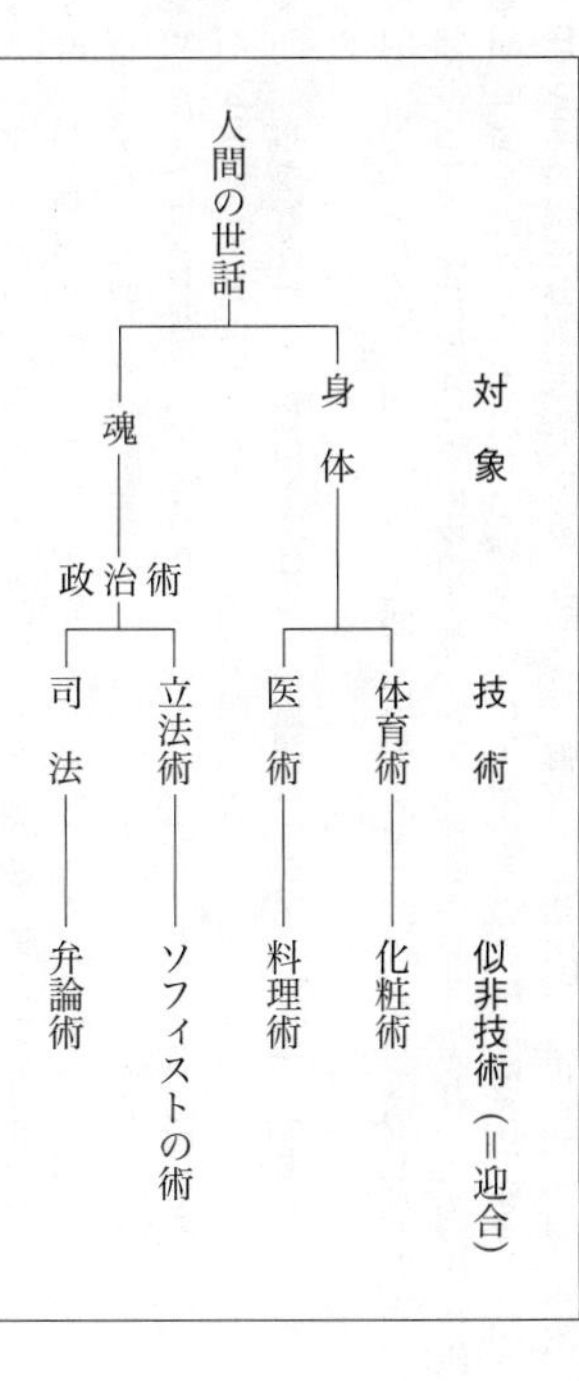

＊20　理解の助けとして、当該行為をA、その行為をなす目的をBで表す。Aには薬を飲むことや航海に出ること、Bには健康になることやお金を儲けることが相当する。

＊21　gar は理由づけではなく説明ととる。

＊22　原文は dynamis tis kai tyrannis thaumasiā だが、一語のように訳す。

＊23　アルケラオス（前四一三以前—前三九九年頃）は、マケドニア王ペルディッカス二世（在位前四五〇頃—前四一三年頃）の息子。アテナイと友好関係を築くとともに、エウリピデスをはじめとする文人を招いて文化政策にも力を入れた。この作品でプラトンがアルケラオスを悪人の代表として選んだ理由については、Cf. Dodds (ed.), 241-242.

＊24　当時、ペルシア大王は世俗的な幸福の代名詞だった。

＊25　ニキアス（前四七〇頃―前四一三年）は、アテナイの政治家で将軍の一人。シケリア（シシリー）遠征の三人の指揮官の一人に選ばれたが、シュラクサイで非業の死を遂げた。プラトン『ラケス』では、勇気とは何かについて、ソクラテスの対話相手を務めている。

＊26　アリストクラテス（前四七〇年代―前四〇六年頃）は、将軍の一人で、アルギヌーサイ沖海戦（前四〇六年）後に処刑された。

＊27　神域の所在地をアテナイ市内と見るか、デルポイと見るかは依拠する写本による。Cf. Dodds (ed.), 244-245.

＊28　評議会については、第一幕の訳註＊9を参照。なお、ここで言及されている出来事については、Cf. Dodds (ed.), 247-248.

＊29　「営み」の原語は epitēdeumata.

＊30　「学習されるべき事柄の美しさ」の原語は to tōn mathēmatōn kallos.

＊31　元の動詞 horizomai は「定義する」と訳されることが多いが、ここではこのように訳す。次行の「規定する」も同じ動詞。

＊32　原文は受け身構文であるが、このように訳す。なお代名詞の hēmin については迷うところであるが、plural of modesty ととって単数で訳す。

＊33　「事を行う」と「作用を受ける」の原語は poieō と paschō であるが、以下、文脈に応じて訳し分けた。

＊34　以下、「灼く」、「切る」は、当時の医療行為を念頭に置いての表現だと思われる。

＊35　ここでは phainetai を前後の文脈から留保抜きの意味にとり、このように訳す。

＊36　「罰を受ける」と訳しているギリシア語の元の表現は dikēn didous（「与える」を意味する動詞 didōmi の現在分詞形）である。dikē は「慣習」、「秩序」、「正義」、「罰」、「裁き」（前には「司法」とも

訳した）などを意味しうるが、この部分の論駁は文字どおり「正義を与える」という意味合いを両者の共通前提として進められているように思われる。

＊37　罰を受けることは快いとは考えられないので、益されることだけが残ることになる。

＊38　原文では「魂において」という限定の対格が用いられているが、このように訳す。

＊39　anthrōpou は、ゼイルと同じく、kakian にではなく chrēmatōn kataskeuēi にかかるととる。Cf. Zeyl (tr.) 1987, 44; Zeyl (tr.) 1997, 821.

＊40　「正義を司る何らかの術を用いて」の原語は dikaiosynēi tini chrōmenoi.

＊41　「司法」の原語は dikē.「正義」も意味する。

＊42　「司法による裁き」の原語は dikē.

＊43　「不正を（adikian）」はなくても意味は通じるが、文意を明確にするために削除せずに読む。

＊44　「良好な持ち前」と訳したギリシア語は aretē. 一般的には「徳」もしくは「卓越性」と訳されることが多いが、ここではこのように訳す。

＊45　この "puzzling reading" については、ドッズの註を参照（Dodds (ed.), 256-257）。

＊46　「あなたから見れば」と訳した人称代名詞 soi をドッズは ethic(al) dative にとっているが（Dodds (ed.), 259）、emoige が先行していることを考えると、観点の与格にとったほうがよいように思われる。田中・加来（訳注）も同様の見解を採っている（同書、研究用注一一一頁）。

＊47　この条件文を額面どおりに受け取れば、ここでソクラテスは「敵を害し、味方を益すべし」という伝統倫理の立場に回帰していることになり、ヴラストスのソクラテス解釈の基本的主張の一つが崩れることになるが（Cf. Vlastos 1994, 16）、この箇所については "obviously ironical" とするトンプソンの見方（Thompson (ed.), 70）が正しいように思われる。Cf. Dodds (ed.), 259.

［第三幕　カリクレス対ソクラテス］

カリクレス　僕に言ってくれ、カイレポン。ソクラテスは本気でこういうことを言っているのかね、それとも冗談で言っているのかね。

カイレポン　少なくとも僕には、カリクレス、これ以上ないくらい本気だと思えるがね。そうはいっても、本人に聞くに如かず、だよ。

カリクレス　いや、神々にかけて、ぜひとも聞きたいね。僕に言ってくれ、ソクラテ
C ス。われわれは、あなたが今本気だとみなすべきなのか、それともふざけているとみな
すべきなのか、どちらなのかをね。というのも、もしあなたが本気で、しかもあなたの
言っていることが本当だとしたら、われわれ人間の生活は逆立ちしているのであって、
われわれはやることなすことのすべてにわたって、なすべきこととは正反対のことをし
ているように見えるからだ。

ソクラテス　カリクレスよ、人によって多少の違いはあるにしても、われわれ人間に
共通する何か同じ体験というものが存在せず[*1]、われわれの一人一人が自分以外の人間と
D は異なる何か固有の体験をするのだとしたら、自分自身の体験を他人に打ち明けて分か
ってもらうのは決して容易ではなかっただろう。僕としては、今まさに僕と君が何か同

じ気持ちを味わっていることを念頭に置いて言っているのだけれど。つまり、われわれ
は二人とも、それぞれ二つのものを愛しているということをね。僕はといえばクレイニ
アスの息子のアルキビアデス[*2]と哲学を、君は君で二つのもの、アテナイの民衆(デーモス)とピュリ
ランペスの息子のデーモス[*3]をね。
それで、君は手ごわい人間であるにもかかわらず、君の愛(いと)しい子たちが何を言おう
と、また何であれ、その子たちがこうだと主張することに反対できずに右往左往[*4]してい
E るのを、僕は毎度目の当たりにしているのだ。民会においては、君が何か発言した時に
アテナイの民衆が君の主張するとおりだと認めないと、君は態度を変えて民衆が望むこ
とを主張するし、また例のピュリランペスの美しい若者にも同様の目に遭っているの
だ。それというのも、愛しい子たちの要望や発言に逆らうことが君にはできないから
だ。その結果、君が毎度彼らのことを慮(おもんぱか)って発言している内容は何と支離滅裂[*5]なの
だろうとあきれる者がいるとしたら、おそらく君は彼に対してこう言うだろう——君が
482A 本当のことを話す気になったとして、だがね。つまり、もし君の愛しい子たちがそのよ
うな発言をするのを誰かがやめさせてくれないのなら、君もまたそうしたことを口にす
るのをやめることはないだろう、とね。
そういうわけだから、僕からも別のそうした話を聞かなければならないものと思って
くれたまえ。そして、僕がそうしたことを主張するからといって、あきれないで、僕の
愛しい少年である哲学がそういう主張をするのをやめさせてくれたまえ。というのも、

わが親愛なる友よ、毎度、君が僕の口から耳にしていることは、実はその子が主張しているからだ。でも、その子のほうがもう一人の子に比べると、はるかに僕に対して気まぐれなところが少ないのだよ。何せ、あのクレイニアスの息子ときたら、その時々で言うことがまちまちなのだが、哲学のほうはいつでも言うことは同じで、君が今あきれていることを主張するのだ。君自身、主張されたことに立ち会っていたわけだけれど。そういう次第なので、哲学を徹底的に論駁して、たった今まさに僕が主張したこと、つまり不正を犯すことと不正を犯しながら罰を受けないことこそがありとあらゆる悪の中でも最悪なのだ、という主張が成り立たないことを論証してくれたまえ。そうせずに、もし君がその主張を論駁されないままにしておくなら、カリクレス、エジプト人たちの神様である犬に誓って言うが、カリクレスは君自身と意見が一致することは決してなく、全生涯にわたって不協和音を発し続けることになるだろう。そして、本当に僕は思うのだがね、とても優れた友よ、リュラ*6や僕が後援している合唱隊の音が合わなかったり、不協和音を出したりするほうが、また大多数の人間が僕に同意せずに反対の主張をするほうが、僕が一人だけではあっても自分自身と調子が合わず、自分自身と反対のことを言うよりましなのだ。

B

C

［カリクレスのソクラテス批判］

カリクレス　ソクラテス、あなたときたら、まるで威勢のいい若造みたいに議論の中でふるまっているように僕には見える。正真正銘、大衆相手の演説家にでもなったかのようにね。今だって、あなたがそういったことを大衆相手のようにまくしたてたものだから、ポロスはゴルギアスがあなたに痛い目に遭わされたのを非難していたくせに、それとまさに同じ憂き目に自分自身が遭うことになったのだから。確か、彼はこんなふうに言っていたのだ。つまり、ゴルギアスは、仮に弁論術を学びたいと思っている者が正
D しい事柄についての知識をもたずに彼のもとにやって来た場合、はたしてゴルギアスはその者に教えるかどうかとあなたに尋ねられたとき、彼は世間体[7]から決まりが悪くなって、[8]教えると言ってしまったのだ。それというのも、もし請け合わなければ人々の不興を買うと思ってね。実にその同意が因(もと)で、ゴルギアスは自分で自分に反対のことを言う羽目に陥(おちい)らざるをえなかったのだが、まさにそのことにあなたはご満悦なのだ、と。その時点では、ポロスはあなたのことを嘲笑(あざわら)ったわけだが、僕にはそれももっともなことだと思われた。ところが、今度は逆に彼自身がそれと同じ憂き目に遭ってしまったのだ。実際、僕としては、まさにこの点に関してはポロスを褒めるわけにはいかない。つまり、不正を加えるほうが不正を加えられるほうより醜いということをあなたに対し
E て認めてしまった点に関してはね。というのも、またしてもその同意が因で、彼自身が議論の中であなたにがんじがらめにされてしまい、馬銜(はみ)を嚙まされたように口を封じられてしまったからだ。彼が心に思っていたことを口に出すのを恥ずかしく思った[9]がためにね。

483A

［ノモス（法と道徳）とピュシス（自然）――「自然の正義」と平等主義批判］

本当にあなたときた日には、ソクラテス、真理を追求すると称しながら、そのように通俗的で大衆受けしそうなことに話をもっていくのだからね。そうしたことは、自然[10]の上で美しいわけではなく、法と道徳の上で美しいとされているだけなのだ。というのも、それら、つまり自然と法や道徳とはたいていの場合、互いに対立するものだからだ。したがって、人が恥ずかしがって、自分が思っているまさにそのことをあえて主張するのを控える場合には、矛盾したことを言わざるをえなくなるのだ。実にその点、すなわち、その巧妙な仕掛けをあなたは見て取って、議論の中で悪だくみをしているのだ。つまり、人が法と道徳の上での主張をすると自然の上でのことにして聞き返し、他方、自然に属することを主張すると法と道徳に属することにして聞き返す、という具合にね。

B

例えば、今しがたの議論――不正を加えることと不正を加えられること――の中でも、ポロスは法と道徳の上でより醜いことを主張しているのに、あなたはその主張を自然の上での話として追求したようにね。なぜなら、自然の上では、まさに悪さでも上まわるあらゆるもの――例えば不正を加えられること――のほうがより醜いのだが、法と道徳の上では不正を加えることのほうだからだ。というのも、そんな目に遭うこと、つまり不正を加えられることは男子たる者の甘受すべきことではなく、誰か奴隷風情の輩(やから)

にこそふさわしいのであり、そんなやつは生きているより死んでしまったほうがましなのだ。不正を加えられ、侮辱されながら、自分で自分を助けることもできなければ、自分が面倒を見ている他の者を助けることもできないようなやつはね。

C いや、僕が思うに、[12]法律を制定した者たちは、取るに足らない弱い連中[13]、つまり大衆なのだ。だから、自分たち自身と自分たち自身にとって有益なことのために、法律を制定するとともに、賞賛に値するとしたものを賞賛し、非難に値するとしたものを非難しているのだ。[14]人間たちの中でも、より力が強くてより多くのものを手にする能力のある者たちを脅して、彼らが自分たちより多くのものを所有することにならないよう、より多く所有することは醜く不正なことであり、まさにそれ——つまり自分以外の者たちより多く所有しようと欲すること——こそが不正を犯すことにほかならない、と主張するのだ。それというのも、僕が思うに、彼らは劣った連中なので、自分たちが平等な分け前にさえ与(あずか)れれば満足だからだ。[15]

D 実にそういった理由から、法と道徳の上では、それ、つまり大多数の者より余計に所有しようとすることが不正にして醜いことだと言われるのであり、そのことを指して不正を犯すことと称しているのだ。だが、僕が思うに、自然そのものが明らかに示しているのは、まさにこのこと、すなわち正義にかなっているのは、より優秀な者[16]が劣った者[17]よりも、能力でまさる者[18]が劣る者[19]よりも多く所有することにほかならない。そして、事実はまさにそのとおりであることを、自然は至る所で示しているのだ。人間以外の動物

たちのあいだにあっても、また人間たちについても、諸国家や諸民族の関係全般につい
て見ればね。つまり、正義は次のように、すなわち、より強い者がより弱い者を支配
し、より多く所有することであると決定されているのだ。だって、どのような正義の名
E の下にクセルクセス[*20]はギリシアに兵を進めたのだろうか。あるいは、彼の父親はスキュ
ティア人[*21]たち相手に。あるいはまた、他にも数えきれないくらい多くのそうした例を挙
げることができるだろう。

いや、僕が思うには、彼らは正義の自然本性に従って[*22]以上のことを行ったのだ。ゼウ
スに誓って、まさに自然の法に従ってね[*23]。とはいうものの、おそらくはわれわれが定め
た法に従ってではない。われわれはといえば、われわれ自身の中でも最も優れていて活
力に溢れた者たちをライオン同様に幼いうちから引き取って、おまじないを唱えたり魔
484A 法をかけたりして思いどおりに作り上げ、奴隷にしてしまうのだ。平等な分け前を所有
すべきであって、それこそが立派で正義にかなったことなのだと言い聞かせながらね。
だが、十分な自然的素質(ピュシス)をもった男が生まれた暁(あかつき)には、そうしたもののいっさいを身
からふるい落とすと、ずたずたに引き裂いて脱走し、われわれが書き記した規則や魔術
や呪文や自然本性に反するいっさいの法と道徳を踏みつけにした上で、かつての奴隷[*24]は
B 立ち上がって、われわれの主人として再び姿を現す。まさにそのとき、自然の正義は燦
然と輝き出るのだ。

そして、僕に思われるところでは、ピンダロス[*25]もまた、まさに僕が主張していること

を次の詩の中で明らかにしている。曰く、

法（ノモス）こそは万物の王なり
死すべき者、不死なる者たちすべての

ところが、その法とは、彼の主張によれば次のようなものなのだ。

理不尽極まる所業をも
その卓越せる腕力もて正義にかないしものとなす
その証拠として、わが挙ぐるは
ヘラクレス[26]のなせる業
というは、購（あがな）わずして——

とまあ、何かそのように言っているのだが——僕はその詩を正確に覚えているわけではないからね——、そこで彼が述べているのは、ヘラクレスは代金を払って買ったわけでもなければ、ゲーリュオネス[27]がくれたわけでもないのに、牛たちを追い立てて連れて
C いってしまった、という事実なのだ。それというのも、ヘラクレスは、このこと——つ

まり、牛にせよ、それ以外の所有物にせよ、劣った弱い者たちのものはすべて、より優れていて強い者たちに属するということ――こそ自然本来における正義にほかならない、と考えていたからなのだ。

[哲学批判と実践的生の勧め][28]

さて、真実は今述べたとおりだが、あなたがもう哲学とはさよならして、もっと重要なことに向かうなら、そのことが分かるだろう。ソクラテス、なるほど哲学は確かによいものではあるよ。人がふさわしい年頃に程々に触れるぶんにはね。だが、必要以上にはまり続けると、人間を駄目にしてしまうものなのだ。というのも、とても素質に恵まれていたとしても、年頃をはるかに過ぎてまで哲学していると、あらゆることに無経験
D になってしまうのは必然だからだ。将来、立派で優れた名高い人間になろうとする者は、そうしたことの経験を積んでおかなければならないのにね。

つまり、国で行われている法律にも、人々と公私にわたる取引を行う際にそれを用いて交渉すべき話術にも、人間らしい楽しみや欲望にも、要するに人情[29]全般におよそ無経
E 験になってしまうのだ。そんなわけで、何か個人的もしくは政治に関する実務に携わろうとする時には物笑いの種になるのだが、思うに、それはちょうど政治に携わる人間たちが逆にあなたたちが日頃励んでいる哲学の議論に首を突っ込んで物笑いの種になるのと同じことだ。いかにも、エウリピデス[30]の言っていることが事実になるのだ。

人はそれぞれ、そこで輝き、そこに情熱を注ぐ。
一日の大半をそれ、すなわち自分が最も得意とするところに割り当てながら。

485A 他方、自分が苦手とするところ——そこからは逃げ出してそれを貶(けな)し、もう一方は褒
めそやす。それは自分かわいさのゆえ、つまり、そのようにすれば自分で自分を賞賛で
きると思ってのことなのだ。

しかし、僕の思うところでは、最も適切なのは両方に携わることだ。教養のためとい
う範囲なら哲学に携わるのも立派なことだし、少年にとって哲学するのは恥ずべきこと
ではない。ところが、もういい歳をしていながら、いまだに哲学しているような場合に
は、お笑いぐさになるのだよ、ソクラテス。そして、僕としては、哲学している連中に
B 対しては、舌足らずで子供じみたふるまいをしている連中に対するのとまったく同じよ
うな気持ちを抱くのだ。

というのも、まだそういうふうな話し方、つまり舌足らずで子供っぽい話し方[*31]がふさ
わしいような小さな子供を目にする時には、僕はうれしくなるし、それは微笑ましくも
あれば自由人の生まれらしくもあり、その年頃の子にふさわしいと僕には思える。他
方、まだ幼い子がいやにはっきりした口をきくのを耳にする時には、何か僕の神経を逆
撫でするものに思えて、耳障りで、奴隷の身分に似つかわしいように僕の目には映るの

だ。
C　それに対して、大の男が舌足らずな話し方をするのを耳にしたり、子供っぽいふるま
いをしているの[32]を目にしたりする時には、それは滑稽でもあれば、男らしくもなく、ぶ
ん殴ってやるのがふさわしいように思われる。だから、僕としては、哲学している連中
に対しても、それと同じ気持ちを味わうのだ。僕は青少年が哲学しているのを見る時に
は、実に悦ばしく思うし、とてもふさわしいように僕には思われる。そして、その人間
を自由人らしいと思うのだが、他方、哲学しない者については自由人らしさがなく、本
人自身が自分が何か立派で高邁な事柄に携わるに値する人間だと考えることも決してな
いだろうと思うのだ。
D　だが、それに対して、いい歳をした人間がまだ哲学していて足を洗っていないのを目
にする時にはね、ソクラテス、そんなやつはもうぶん殴ってやる必要があると僕には思
えるのだよ。だって、ついさっきも言っていたことだが、たとえそいつがどんなに資質
に恵まれていたとしても、女々しくなってしまって、国の中心である広場（アゴラ）[33]から逃れ去り
——あの詩人も言ったように[34]、そこでこそ男子たる者は名を上げるのだが——、片隅に
身を隠すようにして三、四人の青二才相手にひそひそ話をしながら残りの人生を送るこ
E　とになるのが落ちだからだ。自由人にふさわしく、大声で堂々と発言することは一度も
しないままね。
　でもね、ソクラテス、これでも僕はあなたに対してかなり親しみを覚えているほうだ

と思うのだ。だから、今も、さっき言及したエウリピデスの作品[35]に出てくるゼートスがアンピオーンに対して抱いているのとまさに同じ気持ちを抱いているように思うのだ。というのは、彼が弟に言っているのとちょうど同じようなことを、僕はあなたに対して言いたい気がするからだ。

「ソクラテス、あなたはあなたが心がけるべきことを蔑ろにしている。かくも高貴な魂の資質に恵まれながら、若者のような格好で人目を引こうとしている。裁判の審理に
486A
あたって然るべき仕方で主張を展開することもできなければ、説得力に富む言葉を発することもできず、他の人間のために強力な案を出してやることもできないのだ[36]」とね。

だからといって、親愛なるソクラテスよ、どうか僕に腹を立てないでくれたまえ。だって、僕としては、あなたに対する好意から言うのだからね——あなたには、あなたが現にそういう状態にあると僕が考えるような状態に甘んじているのが恥ずかしいことだとは思えないのだろうか。あなた以外の、哲学をいつまでも深追いしている連中についてもね。というのも、今、誰かがあなたを、もしくは他の誰であろうと、そうした連中の一人を拘束して刑務所に引っ張っていったとしたら——何一つ不正なことはしていないのに不正を犯したと言い立ててね——、お分かりのことと思うけれど、あなたは自分
B
で自分をどうしたらよいのかも、何を言ったらよいのかも分からずに目をまわして、ぽかんと口を開けたまま、ということになるだろうからだ。そして、法廷に召喚されたなら、たとえどれほどくだらない性悪な告発者にあたったとしても、その男があなたに対

して死刑を求刑したいと思えば、あなたは死ぬことになるだろう。
それにもかかわらず、どうしてそれ——つまり「優れた資質に恵まれた人間を受け取
C っていながら駄目にしてしまうような技術」——が英知と言えるのだろう、ソクラテ
ス。自分で自分を助けることもできなければ、最大の危険から自分自身も他の人間も誰
一人救い出すこともできず、敵たちによって全財産をまるごと奪われた上に公民権も失
って、国の中でひたすら不名誉な生活を送るようにさせるものが。少し乱暴な言い方を
すれば、そんなやつの横っ面を張り飛ばしたとしても、罰を受けることはないだろう。
いや、優れた友よ、僕の言うことを聞いて「論駁はやめにして、世事に通じるように
努めたまえ。そして、そのゆえに思慮があると思われるようになることに励みたまえ。
そうした気のきいたことは他の連中に任せてね」。それを戯言と言うべきか、空疎なお
しゃべりと言うべきかはさておき、そうした戯言やおしゃべりが因で、「あなたは空っ
D ぽの家に住むことになる」のだから。そうした些細なことを論駁する連中をうらやむの
ではなく、資産[*37]や名声や他の多くのよいことに恵まれた者たちのようになることをこそ
切望しながらね。

［実りある対話成立の三要件］

ソクラテス　ひょっとして僕が黄金でできた魂をもっていたとしたら、カリクレス、
人々がそれを用いて黄金を吟味するような石の一つ、それも最上のやつを見つけて僕が

喜ぶと君は思わないだろうか。その石に僕の魂をあてがって、もしその石が僕の魂は立派に世話されていると僕にお墨付きを与えてくれるなら、その時には僕は直ちに自分が満足すべき状態にあって、もはや他の試金石を必要とすることはまったくない、ということをよく知ることができるはずだからね。

E カリクレス いったい何のためにそんなことを聞くのかね、ソクラテス。

ソクラテス 今、僕が君に説明することにしよう。思うに、僕は君に出会って、それほどの幸運に出会ったのだ。

カリクレス いったいどんな?

ソクラテス 僕にはよく分かっているのだ。僕の魂がそれについて何らかの見解をもっている[*38]事柄に関して、もし君が僕に同意してくれるなら、それはそのまま直ちに真実であることになる、ということがね。なぜかというと、こういうことが僕の頭にあるか
487A らだ。つまり、魂に関して、正しい仕方で生きているか、それともそうでないかについて十分に吟味しようとする者は、君がそのすべてを兼ねそなえている三つのもの、すなわち知識と好意と率直さをそなえていなければならない、ということだ。というのも、僕は多くの人に出会いはするものの、彼らは君のように聡明でないために、僕を吟味することができないからだ。また、別の人たちは聡明ではあるのだが、君のように僕のことを気にかけてくれないものだから、本当のことを僕に言ってくれようとしないのだ。
B 他方、この外国人のお二人、ゴルギアスとポロスは、聡明で僕に親しみをもってくださ

ってはいるのだが、率直さに欠けていて必要以上に遠慮されるのだ。どうしてそうでないはずがあるだろう。だって、お二人とも遠慮されるあまり、多くの人の面前で、しかもいちばん重要なことに関して、自分で自分に反対のことをあえて口にされるほど――それほどまでに遠慮されたのだからね。

それに対して、君はといえば、君以外の人たちが持ち合わせていないそれらすべての要素を兼ねそなえているのだ。というのも――君は多くのアテナイ人が認めるように――十分に教育を受けている上に、僕に好意を抱いてくれているからだ。何を証拠にそう言うのか、一つ僕が君に話してあげよう。

C 僕は、カリクレス、君たち四人が――君とアピドナイ区のテイサンドロス*39とアンドロティオーンの息子のアンドローン*40とコラルゲイス区のナウシュキデース*41の四人だが――知恵*42の探求仲間を結成しているのを知っているのだ。そして、あるとき、どこまで知恵を探求すべきかについて君たちが検討しているのを漏れ聞いたことがあって、君たちのあいだでは何か次のような意見が勝利を収めたことも知っている。つまり、とことん哲
D 学を極め尽くそうと意気込むのはやめて、必要以上に知恵がついて実は使いものにならなくなっている*43のに気づかないことがないように用心すべく、お互いに声をかけ合おう、という意見がね。

そこで、今、君が君の最も親しい仲間に忠告したのと同じことをこの僕にも忠告してくれるのを耳にしたからには、君が本当に僕に好意を抱いてくれていることの十分な証

拠が僕にはあることになる。
　それに加えて、君が思っていることを率直に口に出して遠慮することがないという点
についてては、君自身が公言しているところでもあれば、また少し前に君が述べていた主
張も君の言うところに合致している。そういうわけで、以下の点に関して実際にそのと
E おりであることは、今や明らかなのだ。つまり、もし君が議論の中で、あることについ
て僕に同意してくれるなら、それはそのまま僕と君によって十分に吟味されたことにな
るのであって、もはやそれを別の試金石にあててみる必要はなくなるのだ。というの
も、君がそれを認めてくれたのは、聡明さの不足のせいでもなければ、遠慮しすぎのた
めでもないはずだし、また僕を騙して同意することもありえないのだから。だって、君
自身も言うとおり、君は僕の友だちなのだからね。だから、本当の話、僕と君のあいだ
で同意されたことは、即、完璧な真理であることになるのだ。
　ところで、カリクレス、例の探求は何よりも美しいものなのだよ。つまり、老いも若
488A きも含めて、人はどのような人間になるべきであり、何に、またどの程度まで励むべき
なのか、といった、まさに君が僕を非難した事柄についての考察はね。というのも、僕
が生きていく中で何か不適切にふるまっている点があるとしたら、それはみずから進ん
で過ちを犯したのではなく、僕の無知のせいなのだ、ということをよく分かってほしい
からだ[*44]。そういうわけで、君が僕の過ちを矯（ただ）すこと[*45]に取りかかった時とちょうど同じ調
子で、尻込みせずに僕にはっきり示してくれたまえ。僕が励むべきものは何なのか、ま

たどのような仕方で僕はそれをわがものにすることができるのかをね。さらにまた、も
B し僕が今君に同意しておきながら、あとになって同意したことと違ったことをしているところを君がつかまえるようなことがあったなら、僕のことをまったく駄目なやつとみなして、今後は僕の過ちを矯してやろうなどとはいっさい考えないでくれたまえ。何の値打ちもない人間なのだからね。

［「強者」の概念］

では、もう一度はじめから僕のために繰り返してくれたまえ。君とピンダロスは自然に則した正義[*46]というものがどういうものだと主張するのかをね。それ[*47]は、より強い者が弱い者たちの財産を力ずくで奪い去り、より優れた者が劣った者たちを支配することであり、また、より優秀な者が凡庸な者[*48]より多く所有することだと言うのだろうか。あるいは、正義ということで何か別のものを君は意味しているのだろうか。それとも、僕の記憶は正しいだろうか。

カリクレス　いや、そういったことを僕はさっきも主張していたし、今も主張する。

ソクラテス　では、君は同じ人物のことを、より優れてもいれば強いとも言うだろう
C か。というのも、実のところ君がいったい何を意味しているのか、さっきはよく飲み込めなかったからだ。はたして君は——さっきもそのことを論証しようとしているように僕には思われたのだが——力でまさる者たちのことをより強い者と呼んで、非力な者た

ち[49]は力でまさる者たちの言うことを聞かなければならない、と言っているのだろうか。

D つまり、大国が小国に侵攻するのは自然本来の正義に従ってのことであり、それはなぜかといえば、より強い国々というのは力でもまさる国々であり、さらにはより強いということと、力でまさるということと、より優れているということは同じことだからだ、と言いたいのだろうか。それとも、より優れてはいるけれども弱くて非力な者もいれば、より強くはあるが性悪な者もいるということなのか、どちらなのだろう。あるいは、より優れているということの定義と、より強いということの定義は同じなのだろうか。まさにその点を僕のためにはっきり定義してくれたまえ。より強いということと、より優れているということと、力でまさるということは同じことなのか、それとも別のことなのかをね。

カリクレス　よし、それなら僕もあなたにはっきり言うが、同じことだ。

ソクラテス　だとすると、大衆は一人の人間よりも自然本性的に強いのではないだろうか。君もさっき言っていたように、現に彼らは一人の人間に対して法律を押しつけるのだから。

カリクレス　まったくそのとおりだ。

ソクラテス　ということは、大衆が法や道徳とみなすもの[50]は、より強い者たちのそれだということになる。

カリクレス　確かに。

E ソクラテス　そうだとすると、より優れた者たちのものでもあるのだろうか。というのも、確か君の説に従えば、より強い者たちはより優れた者でもあるはずだからだ。

カリクレス　そうだ。

ソクラテス　だとすると、彼らが法や道徳とみなすものは自然本性的に立派で美しいことになるのではないだろうか。それらがより強い者たちのものである以上はね。

カリクレス　認めよう。

ソクラテス　では、大衆はこうみなしているのだろうか。つまり、君もまた先ほど言っていたように、平等に所有することが正義にかなっているのであり、不正を加えられ
489A ることよりも不正を加えることのほうが醜いとね。そのとおりだろうか、それとも違うだろうか。君もまた遠慮してここで搦めとられることのないように、よくよく気をつけてくれたまえ。大衆はそうみなしているだろうか、それともみなしていないだろうか。より多くのものをではなく等しいものを所有することが正義にかなっているのであり、不正を加えることのほうが不正を加えられることよりも醜いと。その点について僕に答えることを惜しまないでくれたまえ、カリクレス。君が僕に同意してくれるなら、君からもうお墨付きを得たことになるのだから。だって、十分に分別のある人物が同意してくれたことになるのだからね。

カリクレス　いや、大衆がそうみなしているのは確かだ。

ソクラテス　とすると、法と道徳の上においてだけ、不正を加えることのほうが不正

B を加えられることより醜いわけでもなければ、平等に所有することが正義にかなっているわけでもなく、自然本性においてもそうだということになるね。してみると、どうやら以前の議論の中で君は真実を語っていなかったことになりそうだし、僕を非難していたのも正しくなかったようだ。君の主張するところによれば、法や道徳と自然は対立していて、そのことを僕は十分承知の上で議論の中で悪さをしているとのことだったけれど。つまり、人が自然に則して主張する時には法と道徳のほうに話をもっていき、人が法と道徳に則して主張する時には自然のほうにもっていくことによってね。

カリクレス　この男ときたら、戯言（たわごと）を言うのをやめようとしないのだから。僕に言っ
C てくれたまえ、ソクラテス。あなたはいい歳をしていながら、言葉尻を捉えては揚げ足をとって、恥ずかしくはないのか。人が言い損なうと、それをもっけの幸いとばかりに。だって、強い者ということで僕が優れた者以外の何かを意味しているとでもあなたは思うのか。より優れていることと、より強いことは同じだと僕は主張すると、ずっと前からあなたに言っていなかったかね。それとも、あなたは僕がこう言うとでも思っているのだろうか。もし奴隷やおそらくは体の屈強さ以外には何の取り柄もないような有象無象の寄せ集めが集会を開いて何かを主張したら、それがそのまま法規[*51]なのだ、とね。

ソクラテス　分かったよ、聡明きわまりないカリクレス。そのように君は主張するのだね。

カリクレス　もちろんだ。

D **ソクラテス**　いや、これはまた人間離れした君、実はこの僕自身もさっきから、君が「より強い」ということで何かそのようなことを意味しているのではないかと推測してはいたのだ。それでも改めて質問しているのはね、君が何を意味しているのか、はっきり知りたいと願ってのことなのだ。というのも、君としては二人の人間のほうが一人の人間よりも優れているとは決して思わないだろうし、君の奴隷たちのほうが君よりも体力的にまさっているからといって、君より優れているとも思いはしないだろうからね。

　さあ、もう一度はじめから言ってくれたまえ。より優れている者ということで、いったい君は何を意味しているのか。体力的にまさっている者たちのことでないとすればね。ところで、素晴らしい友よ、もう少しお手やわらかに手ほどきしてもらえないだろうか。僕が君のもとに通うのをやめてしまうことがないようにね。

E **カリクレス**　皮肉っているのだね、ソクラテス。

ソクラテス　ゼートスに誓って、とんでもない、カリクレス。君は彼にかこつけてさんざん僕のことをあてこすったのだけれどね。さあ、言ってくれたまえ。どんな者たちのことを君はより優れた者と言うのかを。

カリクレス　より優秀な者たちのことを僕は言っているのだ。

ソクラテス　ほら、君だって自分自身がいろいろな言葉を唱えているだけで何一つ明らかにしていないのが分からないかね。一つ言ってくれないか。君はより優れていて強い者たちということで、より思慮に富む者たちのことを指して言っているのか、それとも誰か他の者たちのことを指しているのか、どちらなのかをね。

カリクレス　いや、もちろんゼウスにかけて、そうした者たちのことを言っているのだ。それも断固として。

490A ソクラテス　ということは、君の説によれば、一人の思慮に富む人物のほうが往々にして無数の思慮に欠ける者たちよりも強いわけだから、したがってその者が支配し、他方の者たちは支配されるべきであり、また支配する者のほうが支配される者たちよりも多く所有すべきだということになる。まさにそのことを君は言いたがっているように僕には見えるのだ——いいね、僕は言葉尻を捉えているわけではないからね——、もしも一人の人物が無数の者たちよりも強いというのならね。

カリクレス　いや、それこそ僕が言っていることだ。というのも、それこそが自然本来における正義だと思うからだ。つまり、より優れていて思慮に富む者が凡庸な連中を支配し、より多く所有することがね。

B ソクラテス　そこで、ちょっと待ってくれたまえ。今度はまた、いったい何を君は言いたいのだろう。仮にちょうど今のように、われわれ大勢の人間が同じ場所に一緒に集まっていて、多くの食べ物や飲み物が共有のものとしてわれわれの前にあるとしよう。そしてまた、われわれはわれわれで多種多様であって、強壮な者たちもいれば、虚弱な者たちもいるのだが、われわれの中の一人は医者なのでそうしたことに関してわれわれより思慮に富んでいる場合——当然ながら、彼はある者たちよりは強壮だが、ある者たちよりは虚弱ということになるだろうが——、その者はわれわれより思慮に富んでいるのだから、それらのことに関しては、より優れているとともに、より強いということにもなるのではないだろうか。

カリクレス　いかにも。

C ソクラテス　とすると、彼はより優れているという理由で、われわれよりも多くそれらの食料をとるべきなのだろうか、それとも支配的な立場にあることからして、すべてを分配するのは彼がなすべきことだけれども、それらの食物を消費し、自分の体に注ぎ込むことに関しては、余計にとるべきではないのではないだろうか。もしそのつけを払わされたくなければね。そうではなくて、ある者たちよりは多く、ある者たちよりは少なくとるべきだろうか。また、ひょっとして彼が皆の中でいちばん虚弱だった場合には、その最も優れた者は全員の中でいちばん少ない量をとるべきだろうか、カリクレス。よき友よ、そうではないかね。

カリクレス　あんたの言うことときたら、食べ物やら飲み物やら医者やら、くだらな
D いことばっかり。僕はね、そんなことを言っているわけではないのだ。

ソクラテス　どちらなのだろう。君はより思慮に富む者のことをより優れた者だと主張しているのではないかね。肯定するか否定するかしてくれたまえ。

カリクレス　僕としては、そう主張しているとも。

ソクラテス　それで、より優れた者はより多く所有すべきだと主張しているのではないのかね。

カリクレス　とはいっても、食べ物のことでもなければ、飲み物のことでもないのだ。

ソクラテス　分かった。そうではなくて、たぶん着物のことだね。つまり、いちばん織物術に長けている者がいちばん大きな服を所有して、またきれいな服をめいっぱい身にまとって、あちこち歩きまわらなければならないのだ。

カリクレス　どんな服をだって？

E ソクラテス　いや、履き物に関しても、それに関していちばん思慮に富んでいて最も優れた者がより多く所有しなければならないことは明らかだ。たぶん靴職人がいちばん大きな靴をいちばん多く履いて歩きまわらなければならないのだ。

カリクレス　どんな靴をだって？　あなたときたら、ふざけたことばかり言って。

ソクラテス　いや、もし君がそうしたことを言っているのではないとしたら、たぶんこういうことだね。例えば、大地に関して思慮に富み、立派で優れたお百姓さんがいたら、きっとその人こそ、いちばん多くの種を所有して、自分の畑にできるだけ多くの種を蒔くべきなのだ。

カリクレス　何とまあ、いつまでも同じことばかり言っているのだろうね、ソクラテス。

491A ソクラテス　それどころか、カリクレス、同じ事柄について言ってもいるのだよ。

カリクレス　まったく、神々にかけて、いつだってあなたは、ただもう靴屋だとか、洗い張り屋だとか、肉屋だとか、医者だとか言うのをやめようとしないのだから。まるでわれわれの議論がそうした連中に関するものでもあるかのようにね。

ソクラテス　それなら、君はどんな者たちについて語ろうとしているのかね。より強くて思慮にまさる者は、何をより多く所有すれば、正義にかなった仕方で余計に所有することになるのだろうか。それとも、君は僕が提案しても受け入れようともしなければ、自分自身で説明しようともしないのかね。

カリクレス　いや、僕としては、ずっと前から言っているつもりだけれどね。まず第
B 一に、より強い者たちというのは、靴屋でもなければ肉屋でもなく、国政に関わる事柄に関して、どのようにすればうまく治められるかについて思慮に富むような者たちのことを言っているのだ。彼らはまた思慮に富むだけでなく勇敢でもあって、何でも思ったことをやり遂げるだけの力量があり、心が弱いために途中で投げ出したりしないのだ。

ソクラテス　ほらね、とても優れたカリクレス。君が僕を咎めているのと、僕が君を咎めているのとは同じでないことが分かるだろう。というのも、君のほうは僕が毎度同じことを言っていると主張して僕を非難しているのに対して、僕のほうは君を逆のこと
C で非難するのだ。つまり、同じ事柄に関して決して同じことを言わずに、ある時は、より優れて強い者たちを腕力でまさる者のことだと規定したかと思えば、ある時はまた、

より思慮に富む者たちのことだと言い、今度はまた別の何かを持ち出したというわけだ。より強くて優れた者たちは、君によれば、より勇敢な者たちだそうだからね。いや、よき友よ、いったい君はどのような人間を指して、より優れていて強い者たちと言うのか、また何に関してそうなのかを説明して、議論にけりをつけてくれたまえ。

カリクレス　いや、僕としては言ったと思うけれど、国政に関わる事柄に関して思慮
に富むとともに勇敢な者たちのことだ。いかにも、彼らこそ国々を支配するにふさわし
D いのであって、正義とはこのこと、つまり彼らが彼ら以外の者たちよりも、すなわち支
配する者たちが支配されるものよりも多く所有することなのだ。

〔カリクレスによる節制批判とウルトラ快楽主義〕

ソクラテス　では、友よ、自分自身についてはどうだろう。

カリクレス　いったい何だって？

ソクラテス　支配している者だろうか、それとも支配されている者だろうか。

カリクレス　どういう意味で言っているのかね。

ソクラテス　僕が言っているのは、一人一人が自分で自分自身を支配している、という意味だよ。それとも、そのこと、つまり自分で自分自身を支配する必要はまったくなくて、自分以外の人間たちを支配しさえすればよいのだろうか。

カリクレス　自分自身を支配するということで、あなたは何を意味しているのだ。

ソクラテス　何も複雑なことを言っているわけではまったくなくて、多くの者が言っ
ているように、節度[*52]があって自分で自分を抑制することができる者、つまり自分の中に
E あるさまざまな快楽と欲望を支配している者のことだよ。

カリクレス　なんてお人好しなのだろうね、あなたときたら！　あの間抜けな連中の
ことを節度があるだなんて言って。

ソクラテス　いったいどうしてかね。僕がそんな意味で言っていないことは誰でも分
かるだろうけれどね。

カリクレス　いや、あなたがそう言っているのは絶対に間違いない、ソクラテス。だ
がね、それが何であろうと、何かに隷属していながら、どうして人は幸福になれるだろ
う。いや、そうではなくて、僕はこの際あなたに包み隠さずに打ち明けるけれども、こ
492A れこそが自然に則した美しく正義にかなったことなのだ。つまり、しかるべき仕方で生
きていこうとする者は、自分のさまざまな欲望をできるだけ大きくなるに任せて抑制し
てはならず、めいっぱい肥大化したそれらの欲望に勇気と思慮をもって奉仕し、何であ
れ、それに対する欲望が生じるたびに、それを満たしてやらなければならない。
　ところが、思うに、それは大衆のなしうるところではないのだ。そこで彼らは恥ずか
しいものだから、自分たちの無能さを覆い隠すために、そのような者たちを非難するの
だ。そして、放埒さを実に醜悪なことだと主張し——これは前のところでも僕が言った
ことだが——、生まれつきの素質の上でより優れた人間たちを奴隷化して、自分たち自

B　身は欲望に満足を与えることができないものだから、節制や正義を賞賛するのだ。自分たちに男らしさが欠けているものだからね。だって、もともと王の息子に生まれついていたり、あるいはもって生まれた素質のおかげで、みずから何らかの支配権力──僭主の地位や王権のことだが──を手に入れるだけの能力がある者たちのすべて──そのような者たちにとって、節制や正義よりも真に醜く有害な何があるというのだろうか。さまざまなよいものを享受することができ、何一つその妨げになるものはないというのに、大衆の法と道徳や説教や非難をわざわざ自分で自分に主人として押しつけるなんて。

C　あるいはまた、どうしたらそのご立派なもの、正義と節制のおかげで不幸にならずに済むというのだろう。自分の身内に、敵に対してよりも何一つ余計に与えることもできずに。それも、自分の国で支配しているというのにね。いや、真実は──それをあなたは追求していると称しているのだが──、ソクラテス、こうだ。贅沢と放埒と自由こそ、後ろ盾よろしきを得るなら、美徳であり、幸福なのだ。あなたが言ったようなそれ以外のものは、しょせんきれいごと、人間どもが勝手に決めた自然本性に反した約事、戯言にすぎず、何の価値もないものなのだ。

D　ソクラテス　これはまた、気高くも、カリクレス、包み隠すことなく自説を展開してくれたものだね。というのも、君以外の連中は心の中で思ってはいても口に出そうとはしないことを、今君ははっきり口にしたからだ。そこで僕としては君にお願いしたいの

だが、その調子を決して緩めないでほしいのだ。〈いかに生きるべきか〉ということが
本当に明らかになるためにね。だから、僕に言ってくれたまえ。君はさまざまな欲望を
抑えるべきではないと主張するのだね。つまり、もし人がそうあるべき人間になろうと
するのなら、欲望をできるだけ大きくなるに任せた上で、それらの欲望を満足させるべ
E く、そこかしこから調達しなければならないのであり、まさにそれこそが美徳なのだ、
とね。

カリクレス　いかにも、それが僕の主張だ。

ソクラテス　とすると、何一つ必要としない者たちは幸福であると言われているのは適切ではないことになるのだろうか。

カリクレス　だって、もしそうだとしたら、石ころや屍体がいちばん幸福だということになるだろうからね。

ソクラテス　しかしね、君が主張しているような者たちの生活もまた恐ろしいものだよ。というのは、エウリピデスが次の科白の中で言っていることが本当だとしても、僕は決して驚かないだろうからだ。曰く、

「誰が知ろう、生きているということが実は死んでいることであり、
死んでいるということが生きていることなのかどうかを」。

493A ひょっとすると、われわれもまた本当は死んでいるかもしれないのだ。実はね、僕は
以前、賢者の一人からこんな話を聞いたことがあるのだ。

［ソクラテスによる二つの喩え話(1)］

彼によれば、われわれは今死んでいるのであり、肉体はわれわれのお墓なのだそう
だ。そして、われわれの魂の中のさまざまな欲望がつまっている部分は、まさに説得さ
れやすくて、絶えずころころ気[*53]が変わるのだが、その部分のことを、話を作るのに長(た)け
た男――おそらくは誰かシケリアかイタリアの人間――が、それが信じ込みやすく説得
されやすい[*54]ところから名前をもじって甕(ピトス)と名づけたのだという。また、思慮に欠ける
B 者たちのことを秘儀に与(あずか)っていない締まりのない者たち[*55]と名づけ、その思慮に欠ける連
中の魂の内で欲望がつまっている部分については、その放埒さと中身が漏れ出さないよ
うになっていないのを見て取って、罅割(ひび)れした甕のようなものに喩えたのだ。その満た
されることのなさゆえにね。

その人は君とはまったく逆のことを明らかにしているわけだが、その人によると、カ
リクレス、冥土に――いかにも、目に見えないもののことを僕は言っているのだが――
いる者たちの中で、彼ら、つまり秘儀に与っていない締まりのない連中こそ最も不幸な
のであって、罅割れした甕に、それとは別の同様に穴のあいた篩(ふるい)のような器で水を運ん
C でいるそうだ。その篩はといえば――この僕に向かって話しかけている人が語ったとこ
ろでは――、魂にほかならないとのこと。その人は思慮に欠ける連中の魂を罅割れがし
ているとして篩に喩えたのだが、それは不信と忘れっぽさのせいで、しっかり中身が漏

れ出さないようにしておくことができないからだ。
なるほど、以上の話にはちょっと奇妙な点もあるかもしれないけれど、それでも僕が
欲するところは明らかにしているのだ。つまり、僕としては、できるものなら何とかし
て君に真実を明らかにし、考えを変えるように説得して、満たされることも抑制するこ
とも知らない生活に代えて、慎ましく、いつでも現にあるもので十分に満足する生活を
D 選ぶように説得したいのだ。いや、どちらだろう。僕はいくぶんかでも君を説得して、
慎ましい者たちのほうが放埒な者たちより幸福なのだと考え直させることに成功しただ
ろうか。それとも、たとえ僕がいくら他の多くのそうした話を物語ったとしても、君が
考えを変えることは少しもないのだろうか。

カリクレス　あとで言ったほうが真実に近いね、ソクラテス。

［ソクラテスによる二つの喩え話(2)］

ソクラテス　よし、それなら、今のと同じ学派から別の喩え話[*56]を話すことにしよう。
では、一つよく考察してくれたまえ。はたして君が両者――節度のある人間と放埒な人
間のことだが――のそれぞれの生活について言おうとしているのは次のようなことなの
かどうかをね。つまり、どういうことかというと、二人の人間にはそれぞれが所有する
E 多くの甕があるものとして、一方の者には瑕（きず）一つなく、いっぱいに満たされた甕――葡
萄酒の入った甕や、蜂蜜の甕や、乳の甕や、他にも多くの種類の液体で満たされた甕

——がたくさんあるとするのだ。それらの甕のそれぞれに入っている液体は、稀少で手
に入れるのが難しく、多くの困難をともなう労働によって調達されるものなのだ。そし
て、こちらの者について言えば、すでにいっぱいに満たしてあるので、もう中身を汲ん
でくる必要もなければ、何か気にかける必要もなく、そのおかげで悠然としていられる
のだ。
　それに対して、もう一人の人間にとっては、先の者と同様に液体を調達することはで
きるものの、容れ物が罅割れていて漏れてしまうので厄介なのだ。そこで、彼は夜も昼
494A も絶え間なしにそれらを満たさなければならず、さもなければ極度の苦痛に苛まれるこ
とになる。
　それぞれの生活はこのようなものだけれど、それでも君は放埒な人間の生活のほうが
慎み深い者の生活より幸福だと言うだろうか。こうした話をすることで、僕は君を説得
し、慎ましい生活のほうが放埒な生活よりも優れていると君に認めさせることに成功し
ただろうか。それとも、まだ説得できていないかね。
カリクレス　説得できてはいないね、ソクラテス。だって、いっぱいに満たされてし
まったあの男にはもはやいかなる快楽もなくなっていて、それはまさに今しがた僕が主
張していたことそのもの、つまり石のように生きることにほかならないからだ。いった
B ん満たされてしまえば、その時には、もはや喜びを感じることもなければ、苦しみを感
じることもなくなるのだからね。いや、そうではなくて、快楽に満たされて生きるとは

このこと、つまり、できるだけたっぷり流れ込むことにこそあるのだ。

ソクラテス　とすると、もしたくさん流れ込むなら、流れ出る量もまた多いのは必然だね。それに流れ出るぶんのための穴もまた何か大きなものになることもね。

カリクレス　もちろんだとも。

ソクラテス　今度はまた、鳥のカラドリオス[*57]のような生活のことを君は言っているのだね。屍体の生活でも石の生活でもなく。では、僕に言ってくれたまえ。君が意味しているのは、こういうことだろうか。例えば、お腹がすいて腹ぺこの状態で食べるとか。

カリクレス　いかにも。

C ソクラテス　また、喉が渇いて喉がからからの状態で飲むとか。

カリクレス　そうだとも。それにまた、それ以外のありったけの欲望を抱いて、それを満たすことができる者は、喜びを感じながら幸福に生きるのだ、ということもね。

ソクラテス　まことにけっこう、とても優れた友よ。ぜひとも臆することなく、話し始めた時と同じ調子で続けてくれたまえ。でも、どうやら僕のほうも怯(ひる)んではいられないようだ。そこで、まず、もしどこかがかゆくて、そこをかいているとして、心ゆくまでかくとしたら、つまり一生かゆいところをかきながら人生を終えるとしたら、幸せに生きたことになるのかどうか、言ってくれたまえ。

D カリクレス　あなたときたら、なんておかしな人なのだろうね、ソクラテス。まったくもって大衆相手の演説家そのものだ。

ソクラテス　まさにそれだからこそ、カリクレス、ポロスもゴルギアスも面食らわせて尻込みさせたのだよ。でも、君は決して面食らったりすることもなければ、尻込みすることもないだろう。だって、君は勇敢なのだからね。さあ、いいから答えてくれたまえ。

カリクレス　では、認めよう。かき続けている者もまた快楽に満ちた人生を送るだろう。

ソクラテス　とすると、快楽に満たされてというからには、幸福にということにもなるのだね。

カリクレス　大いに。

E

ソクラテス　どちらだろう、頭だけかく場合だろうか、それとも他にまだ何を君に尋ねたものだろうか。ほら、考えてもみたまえ、カリクレス。誰かがそれに関連したありとあらゆることを次々と君に尋ねるとしたら、君は何と答えるかをね。そして、そうしたものの行き着くところが男娼たちの生活なのだ。それは恐ろしくて醜くて悲惨なのではないかね。それとも君は、もし彼らが必要とするものをたっぷり手に入れられさえするなら、幸福なのだとあえて言うつもりだろうか。

カリクレス　そんなところに話をもっていって恥ずかしくはないのかね、ソクラテス。

［善と快の同一性テーゼに対する二種の論駁］

495A

ソクラテス　僕が話をそっちにもっていったとでも言うのかね、高貴な生まれの友よ。それとも、どんな仕方で喜びを得ようが、現に喜びを得ている者たちは幸福であると何の憚(はばか)りもなく主張し、快楽の中でもどのようなものが善く、どのようなものが悪いのかを規定しようとしない御仁のほうだろうか。いや、今もう一度、言ってくれたまえ。君は「快いもの」と「善いもの」とは同じものだと主張するのか、それとも快いものの中には善くないものもあると主張するのか、そのどちらなのかをね。

カリクレス　別ものだと言って僕の議論が矛盾することにならないように、同じものだと主張しておこう。

ソクラテス　君は最初に言っていたことを反古(ほご)にするのだね、カリクレス。そして、もはや僕と一緒に事の真実をくまなく探求しようとはしないのだね。だって、君は自分自身に思われるところに反して語ろうというのだから。

B

カリクレス　あなただって、そうしているからだ、ソクラテス。

ソクラテス　もし僕もそうしているのなら、僕もまた決して正しくふるまっていないことになるし、君も同様だ。さあ、とても素晴らしい君、一つよく考えてみてくれたまえ。それ、つまり手当たり次第に喜びを得ることが善いこととは限らないかもしれない、ということをね。というのも、事実がそのとおりなら、今しがたほのめかされた多くの醜いことが帰結するのは明らかだからだ。他にも多くのことがね。

カリクレス　あなたが思うところではね、ソクラテス。

ソクラテス　本当に君は、カリクレス、以上の主張に固執するつもりかね。

カリクレス　いかにも。

C ソクラテス　それでは、君が本気だとして、われわれは議論に取りかかることにしようか。

カリクレス　ぜひともそう願おう。

［論駁(1)］

ソクラテス　よしきた、それでよいというのなら、僕のために次のことを詳しく説明してくれたまえ。君は知識というものがあるのを認めるだろうか。

カリクレス　いかにも。

ソクラテス　君は今さっき、何か知識をともなった勇気もまた存在する、と言っていたね。

カリクレス　言ったとも。

ソクラテス　とすると、勇気は知識とは別ものなので、君はそれらを二つのものとして言っていたのではないだろうか。

カリクレス　大いに。

ソクラテス　では、どうだろう。快楽と知識は同じものだろうか、それとも別のものだろうか。

D カリクレス　もちろん別のものさ、聡明きわまりないおかたよ。

ソクラテス　勇気もまた快楽とは別のものなのだろうか。

カリクレス　もちろん。

ソクラテス　よしきた、このことを覚えておくことにしよう。アカルナイ区の住民であるカリクレスは「「快いもの」と「善いもの」は同じものだが、知識と勇気は互いに異なるとともに、「善いもの」とも別のものである」と主張したということをね。

カリクレス　しかるに、アロペケ区の住民ソクラテスは、以上の点に関してわれわれに同意せず。それとも同意するだろうか。

E ソクラテス　彼は同意しない。だが、実はね、僕が思うに、カリクレスもまた同意しないのだ。もし彼が自分で自分自身[*58]を正しく見つめさえする[*59]ならね。一つ僕に言ってくれたまえ。良好な状態にある者たちは悪い状態にある者たちとは逆の経験をしていると君は思わないだろうか。

カリクレス　思うとも。

ソクラテス　だとすると、それらの状態は互いに反対のものであるからには、それらについては、ちょうど健康と病気に関するのと同様の関係にあることが必然的だろうか。というのも、人間が健康であると同時にまた病気に罹(かか)っているということもなければ、また健康と病気から同時に解放されるということもないのは確かだからだ。

カリクレス　どういう意味かね。

ソクラテス　例えば、体の中のどの部分でも君の好きなものを例にとって考察してみ
496A たまえ。人間は目を病むことがあって、それには眼病という名前がついているのではないかね。

カリクレス　もちろん。

ソクラテス　その目を病んでいる人間が同じ目に関して同時にまた健康な状態にあるということは決してないだろうね。

カリクレス　絶対にありえない。

ソクラテス　では、どうだろう。眼病から解放される場合には。その時には、眼の健康からも解放されて、つまるところ同時に両方から解放されたことになるのだろうか。

カリクレス　とんでもない。

B ソクラテス　というのも、僕が思うに、もしそうだとしたら、その時には摩訶不思議
で理屈に合わないことが起きていることになるからだ。そうではないかね。

カリクレス　大いに。

ソクラテス　とすると、思うに、人は交互にそれらの各々を手に入れ、また失うのだ。

カリクレス　認める。

ソクラテス　だとすれば、頑健さと虚弱さについても同様だね。

カリクレス そうだ。

ソクラテス 速さと遅さについても、そうだろうか。

カリクレス いかにも。

ソクラテス それでは、諸々の善いことと幸福およびそれらの反対のもの、つまり悪いことと不幸とについても、人は交互に手に入れたり、交互にそれぞれのものから解放されたりするのだろうか。

カリクレス まったくそのとおり。

C ソクラテス とすると、人が同時にそれらから解放されたり、それらを手に入れたりするようなものを何かわれわれが見つけたとしたら、それらは善いものと悪いものでは決してありえないことは明らかなのだ。その点について、われわれの意見は一致するだろうか。よくよく検討した上で、答えてくれたまえ。

カリクレス いや、大賛成だ。

ソクラテス さあ、それでは前に同意されたことに戻ってみよう。腹が減っているのは快いことなのか、それとも苦しいことなのか、どちらだと君は言っていただろう。腹が減っている状態そのもののことを僕は言っているのだけれど。

カリクレス 僕としては苦しいことだと主張する。だが、腹が減っている時に食べるのは快いことなのだ。

D ソクラテス 僕にも分かるよ[*60]。でも、腹が減っている状態そのものは苦しいことなのだ。違うだろうか。

カリクレス　認める。

ソクラテス　それなら、喉が渇いていることも同じだろうか。

カリクレス　大いに。

ソクラテス　さて、僕はもっと多くのことを尋ねたものだろうか。それとも、あらゆる欠乏と欲望は苦しいものであることに君は同意してくれるだろうか。どちらかね。

カリクレス　同意するから尋ねないでくれ。

ソクラテス　けっこう。だが、喉が渇いている時に飲むのは快いことにほかならないと君は主張するのだね。

カリクレス　いかにも。

ソクラテス　ところで、君の発言の中の「喉が渇いている時に」というのは、きっと「苦痛を感じている時に」ということなのではないだろうか。

E

カリクレス　そうだ。

ソクラテス　他方、飲むことは欠乏を満たすことであり、快楽なのだ。

カリクレス　そうだ。

ソクラテス　だとすると、飲むという面に則して言えば喜びを覚えることだと君は主張するのだね。

カリクレス　もちろん。

497A

ソクラテス　喉が渇いている時にだね。
カリクレス　認める。
ソクラテス　苦痛を感じながら、だろうか。
カリクレス　そうだ。
ソクラテス　さて、君は以上からの帰結に気づいているだろうか。つまり、喉が渇いている時に飲むと君が言う場合、君は苦痛を感じると同時に喜びを覚えていると主張していることになる、ということにね。それとも、それは同時に同じ部位――魂のであれ、身体のであれ、お望みの――で起きてはいないのだろうか。[*61] というのも、僕が思うに、どちらでもまったく違いはないからだが。以上のとおりだろうか、違うだろうか。
カリクレス　そのとおりだ。
ソクラテス　ところが、良好な状態にある者が同時に悪い状態にあることは不可能だと君は主張しているのだ。
カリクレス　主張しているとも。
ソクラテス　ところが、君は苦痛を感じながら喜びを覚えることは可能であることに同意したのだ。
カリクレス　そのようだね。
ソクラテス　とすると、喜びを覚えることは良好な状態にあることではないことになるし、苦痛を感じることが悪い状態にあることにもならないのであって、その結果、快いということと善いということとは別のものだということになる。

カリクレス　何だかよく分からないけれど、あなたは詭弁を用いているのだ、ソクラテス。

［対話の中断と再開］

ソクラテス　君は分かっているくせに分からないふりをしているだけだ、カリクレス。さあ、もう一歩、前に踏み出してくれたまえ。

カリクレス　どうしてあなたは戯言を言い続けるのかね。

B ソクラテス　僕の誤りを正してくれている君がどんなに聡明な人なのか、君自身に分かってもらうためだよ。われわれの中の一人一人について見ても、飲むことによって喉の渇きがやむと同時に、また快さを覚えなくなるのではないだろうか。

カリクレス　あなたが何を言っているのか僕には分からないね。

ゴルギアス　どうかそんなことは言わずに、われわれのためにも答えてくれたまえ、カリクレス。議論に決着をつけられるようにね。

カリクレス　いや、ソクラテスときたら、いつでもこうなんですよ、ゴルギアス。些細などうでもいいようなことについて繰り返し質問しては、徹底的に論駁するのです。

ゴルギアス　しかし、それが君に何の関わりがあるのかね。そうすることに価値があるかないかを決めるのは君の仕事ではさらさらないのだよ、カリクレス。さあ、ソクラテスに身を委ねて、どのような仕方であろうと彼が望む仕方で論駁させてやりたまえ。

C　カリクレス　そのようにゴルギアスが思われるのだから、あなたはそうした些細でみみっちいことを質問するがいい。

ソクラテス　君は幸運な人だねえ、カリクレス。小秘儀より前に大秘儀に与（あずか）ってしまったとはね。でも、僕のほうはそれは許されないことだと思っていたのだ。だから、中断したところから答えてくれたまえ。はたして、われわれの中の一人一人についても、喉が渇いているのがやむと同時にまた快さを覚えなくなるのかどうかをね。

カリクレス　認める。

ソクラテス　そうすると、空腹やそれ以外の欲望や快楽もまた同時にやむのだろうか。

カリクレス　そのとおりだ。

D　ソクラテス　それならば、苦痛と快楽も同時にやむのだろうか。

カリクレス　そうだ。

ソクラテス　しかし、善いものと悪いものが同時にやむことはないのだ。君が同意したようにね。でも、今は同意しないのだろうか。

カリクレス　同意するとも。だったら、どうだと言うのかね。

ソクラテス　こういうことだ、友よ。つまり、善いものは快いものと同じものではないし、また悪いものは苦しいことと同じでもないということだ。というのも、一方の組*62

は同時にやむのに対して、他方の組[*63]は同時にやむことはないが、その理由は、それぞれの組が実は別のものだからだ。だとすれば、どうして快いものが善いものと、あるいは苦しいものが悪いものと同じものでありうるだろう。

[論駁(2)]

でも、君がお望みなら、こういう仕方でも考察してみてくれたまえ。というのは、こ
E ういう仕方で考察しても君の主張に齟齬をきたすと思うからだ。では、考えてみてくれ
たまえ。善い人たちには善いものが現にそなわっているので善い人だ、と君は言うので
はないだろうか。ちょうど美しさが現にそなわっている者たちを美しいと言うように
ね。

カリクレス　いかにも。

ソクラテス　では、どうだろう。君は思慮に欠ける者たちや臆病な者たちのことを善い人と言うだろうか。というのも、さっきはそうは言わずに、勇敢で思慮に富む者たちのことだと言っていたからだが。それとも、君はそうした者たちを善いとは言わないだろうか。

カリクレス　もちろん言うとも。

ソクラテス　では、どうだろう。君はこれまでに分別のない子供が喜んでいるのを見たことがあるだろうか。

498A

カリクレス　あるとも。
ソクラテス　では、分別のない大人が喜んでいるのを見たことはまだないだろうか。
カリクレス　あるとは思うが、それがどうだというのかね。
ソクラテス　何でもないけれど、答えてくれたまえ。
カリクレス　見たことがある。
ソクラテス　では、どうだろう。分別のある者が苦しんだり喜んだりしているのは見たことがあるかね。
カリクレス　認める。
ソクラテス　それで、どちらの者たちのほうが、より多く喜んだり苦しんだりするだろう。思慮に富む者たちのほうだろうか、それとも思慮に欠ける者たちのほうだろうか。
カリクレス　僕の思うところでは、それほど違いはないようだね。
ソクラテス　いや、それでも十分だ。ところで、戦争において臆病な男をこれまでに見たことがあるだろうか。
カリクレス　もちろんさ。
ソクラテス　では、どうだろう。敵たちが退却していくとき、どちらのほうが多く喜んでいるように君には見えただろうか。臆病な者たちのほうだろうか、それとも勇敢な者たちのほうだろうか。

B カリクレス　僕には両方とも喜んでいるように見えたが、たぶん臆病な者たちのほうが余計にだろう[*64]。

ソクラテス　まったく差し支えないよ。そうでないとしても、少なくとも同程度にはね。

カリクレス　すごくね。

ソクラテス　どうやら思慮に欠ける者たちも喜びはするのだね。

カリクレス　そうだ。

ソクラテス　他方、敵が攻めてきた時には、臆病な者たちだけが苦しむのだろうか、それとも勇敢な者たちもだろうか。

カリクレス　両方ともだ。

ソクラテス　同じように、だろうか。

カリクレス　たぶん臆病な者たちのほうが余計にだろう。

ソクラテス　他方、退却していく時には、いっそう多く喜ぶのではないだろうか。

カリクレス　たぶんね。

ソクラテス　だとすると、君の主張するところでは、思慮に欠ける者たちも思慮に富む者たちも、また臆病な者たちも勇敢な者たちも、苦しんだり喜んだりするのは同じだ
C けれど、臆病な者たちのほうが勇敢な者たちよりも余計にそうする、ということになるね。

カリクレス　認めよう。

ソクラテス　ところで、思慮に富む者たちと勇敢な者たちは善い者であるのに対して、臆病な者たちや思慮に欠ける者たちは悪い者だね。

カリクレス　そうだ。

ソクラテス　ということは、善い者たちと悪い者たちは同程度に喜んだり苦しんだりすることになるのだろうか。

カリクレス　そうだ。

ソクラテス　とすると、善い者たちと悪い者たちは同程度に善かったり悪かったりするのだろうか。それとも、悪い者たちはいっそう善い者でありさえするのだろうか。

D カリクレス　ゼウスに誓って、あなたが何を言いたいのか、さっぱり分からないよ。

ソクラテス　君には分からないのかね。君は善い者たちは善いものが現にそなわっているから善いのであり、悪い者たちは悪いものがそなわっているからだと主張していたではないか。そして、善いものとは種々の快楽のことであり、悪いのは種々の苦痛である、とね。

カリクレス　いかにも。

ソクラテス　それなら、喜んでいる者たちには善いもの、つまり種々の快楽が現にそなわっているのではないか。喜んでいる以上はね。

カリクレス　もちろん。

ソクラテス　だとすると、善いものが現にそなわっているので、喜んでいる者たちは善いのだ、ということになる。

カリクレス　そうだ。

ソクラテス　では、どうだろう。苦痛を感じている者たちには、悪いもの、つまり種々の苦痛が現にそなわっているのではないだろうか。

カリクレス　現にそなわっている。

E ソクラテス　他方、君は悪いものが現にそなわっているから悪い者たちは悪いのだ、と認めている。それとも、もう認めないのだろうか。

カリクレス　認めるとも。

ソクラテス　とすると、誰でも喜んでいる者たちは善いことになり、苦痛を感じている者たちは悪いことになるのだろうか。

カリクレス　確かに。

ソクラテス　それでは、より多くそうする者たちはより多くそうなり、より少なくそうする者たちはより少なくそうなり、また同程度にそうする者たちは同程度にそうなるのだろうか。

カリクレス　そうだ。

ソクラテス　では、君は思慮に富む者たちと思慮に欠ける者たち、また臆病な者たちと勇敢な者たちは同程度に喜び、苦しむと主張するだろうか。それとも、臆病な連中のほうがより多くだろうか。

499A

カリクレス　僕としては、あとのほうだと主張する。

ソクラテス　それでは、これまでに同意された事柄から何がわれわれに帰結するのか、僕と一緒に議論全体を振り返ってみてくれたまえ。立派な事柄について二度でも三度でも論じたり考察したりするのは立派なことだと人々も言っていることだしね。われわれは思慮に富み、勇敢な者を善い人だと主張する。そうだね。

カリクレス　そうだ。

ソクラテス　他方、思慮に欠け、臆病な者は悪いと主張するだろうか。

カリクレス　いかにも。

ソクラテス　では、喜んでいる者もまた善い人だろうか。

カリクレス　そうだ。

ソクラテス　他方、苦痛を感じている者は悪い人だろうか。

カリクレス　当然だ。

ソクラテス　善い者も悪い者も、同様に苦痛を感じたり喜んだりするのは当然だとして、たぶん悪い者のほうが余計にだろうか。

カリクレス　そうだ。

ソクラテス　とすると、悪い者も善い者と同程度に悪くなったり善くなったりすることになるか、あるいはむしろ悪い者のほうがいっそう善いことになるのではないだろうか。

B どうだね。こうした結論や、さっきのあの結論が帰結するのではないだろうか。もし人が快いことと善いことは同じであると主張するならね。カリクレス、以上の帰結は避け難いのではないだろうか。

［カリクレスの豹変――「善い快楽」と「悪い快楽」の別の承認］

カリクレス　さっきからずっと頷きながらあなたの話を聞いていたのだがね、ソクラテス、実はこう思っていたのだよ。つまり、どんなことであれ、人があなたにほんの冗談にでも認めてやりさえすれば、あなたはまるで小さな坊主たちのように有頂天になって、それにしがみつくのだ、とね。あなたときたら、まるでこの僕であれ、他の誰であれ、快楽にはより善い快楽とより悪い[*65]快楽があると考えないような人間がいるとでも思っているみたいだね。

ソクラテス　これはまた何てことを、カリクレス！　僕まで子供扱いするなんて、何
C と君は人が悪いのだろう。同じものについて、ある時はこうだと言い、ある時はああだと言って僕を欺くなんて。実のところ、そもそも君に故意に騙されることになるなんて夢にも思わなかったよ。だって、友だちなのだからね。でも、騙されてしまった今となっては、どうやら昔からの諺に従って「現にあるものを活用する」ことに努め、君から与えられるものをありがたく頂戴する他はないようだ。

だが、そうだとすると、君が現在主張しているのは実はこういうことらしいね。快楽

にもいろいろある中で、ある種の快楽は善い快楽だが、ある種の快楽は悪い[*66]快楽である、と。そうだね。

カリクレス　そうだ。

D ソクラテス　それでは、有益な快楽は善いけれども、他方、有害な快楽は悪いのではないだろうか。

カリクレス　いかにも。

ソクラテス　ところで、有益なのは何か善いものを作り出す快楽のことであり、悪いのは何か悪いものを作り出す快楽のことだね。

カリクレス　認める。

ソクラテス　とすると、君が言っているのは、こういった快楽のことだろうか。例え
ば、身体に関して今しがた言っていたような食べることや飲むことにおける快楽につい
て言うとだが――そうした快楽の中で、身体の中に健康や強壮さや、何か他の身体の卓
E 越性を作り出すような快楽、それらは善い快楽であるのに対して、他方、それらとは逆
のものを作り出す快楽は悪いのだろうか。

カリクレス　いかにも。

ソクラテス　それでは、苦痛もまた同様にして、あるものは有益だが、あるものは有害なのだろうか。

カリクレス　もちろんだ。

ソクラテス　だとすると、有益な快楽と苦痛が選び取られ、実践されるべきなのだろうか。

カリクレス　大いに。

ソクラテス　他方、有害なものについては、そうすべきではないのだろうか。

カリクレス　明々白々だ。

ソクラテス　それというのも、万事、善きもののために実践されるべきであると、われわれ――もし君が覚えているなら、この僕とポロス――には思われたからだ。

［行為の目的としての善と快――再び「技術」と「熟練」の相違について］

では、君にもそう思われるだろうか。つまり、ありとあらゆる行為の目的は善であり、それのためにそれ以外のすべてのことはなされなければならないのであって、それ
500A がそれ以外のもののためになされるのではない、と。君はわれわれに賛成票を投じてく
れて、三人目の賛成者になってくれるだろうか。

カリクレス　いかにも。

ソクラテス　とすると、諸々の善いもののために、それ以外のものも快いものも行わなければならないのであって、諸々の善いものを快いもののために行うのではないことになる。

カリクレス　確かに。

ソクラテス　それでは、快いものの中で、どんなものが善くて、どんなものが悪いのかを見分けることは誰にでもできることだろうか、それとも、それぞれの快いものについて専門的知識をもつ者を必要とするだろうか。

カリクレス　専門的知識をもつ者を必要とする。

B ソクラテス　では、ここでもう一度、僕がポロスとゴルギアス相手に言っていたことを思い出してみることにしよう。君が覚えているなら、僕が言っていたのはこういうことだ。つまり、人々に必要なものを提供するさまざまな営み[*67]の中で、あるものは快楽を提供する以上のものではなく、快楽だけを与えるものであって、より善いものとより悪いものについては知るところがないのに対して、別のあるものは何が善くて何が悪いのかを認識している、ということだ。そして、僕は快楽に関わる営みの一つである料理術[*68]は技術ではなく熟練だとし、他方、善さに関わる営みの一つである医術は技術であるとしたのだ。

C そこで、友情の神様の名にかけてお願いするが、カリクレス、君自身も僕に対して冗談のつもりで相手をしてやらなければならないなどとは考えないでくれたまえ。また、何でもかんでもたまたま頭に浮かんだことを君の考えに反して答えたり、僕のほうからの主張についても冗談のつもりで受け入れたりしないでくれたまえ。というのも、ご覧のとおり、われわれの議論はそれ、つまり少しでもものの分かった人間にとって、このこと以上に真剣になるべきことが何か他にあるだろうか、というほどのことに関わるものだからだ。すなわち、〈いかなる仕方で生きるべきなのか〉ということ、つまり君が僕をそれへと促している仕方で――まさに男子たる者にふさわしいことを行い、民会で演説し、弁論術に励み、君たちが今やっているような仕方で政治を行いながら――生きるべきなのか、それともこの哲学に打ち込む生なのかということ、そしてまたこの（哲学的）生があの（政治的）生といったいどう違うのかということに関わっているからだ。

D そこで、おそらくいちばんよいのは、僕がたった今試みたように、事柄を分割するこ[*69]とだろう。そして、事柄を分割し、お互いに同意した上で、もしそれらの生き方が二つのものであるならば、両者はどの点で互いに異なっていて、それらのうちのどちらの生を生きるべきなのかを考察することだろう。でも、僕が何を言っているのか、たぶん君にはまだ分からないだろうね。

カリクレス　全然。

ソクラテス　では、君のために、もっとはっきり話すことにしよう。僕と君は、何か善いものと快いものがあるけれども、「快さ」と「善さ」は別のものであること、また、そのそれぞれを追求するための修錬とそれらを手に入れるための調達法があること、すなわち、その一方は快さを狩るものであり、他方は善さを狩るものであることに
E 意見が一致したからには……いや、まず第一に、まさに以上の点について僕に賛成するかしないかしてくれたまえ。賛成してくれるかね。

カリクレス　そうだと認めよう。

ソクラテス　さあ、それでは、この人たち相手に僕が述べていたことについて、その
とき僕が真実を語っていたと君に思えるなら、僕に賛成してくれたまえ。ところで、僕
は確かこう言っていたのだ。つまり、料理術は僕には技術ではなく熟練にすぎないと思
われるのに対して、医術のほうは技術である、と。僕に言わせれば、後者はその世話の
501A 対象となる者の体質[*70]ならびに施す治療がなぜ必要なのか、その原因を考察した上で、そ
のそれぞれについて理論的説明を与えることができるのだ。医術のほうはね。それに対
して、快楽を扱うもう一つのほうは――それが提供する世話のいっさいは快楽を目的と
しているのだが――、およそ技術とは言えない仕方で快楽を目指して突き進むのだ。す
なわち、快楽の本性[*71]についても、また原因についても何ら考察することなく、およそ何
B の理論的裏づけももたないまま、いわば何一つ数え上げることもせずに、一般に生じる
ことの記憶だけを勘と熟練によって保存しつつ、まさにそれに頼って快楽を提供するの
だ。

そこで、まず以上の点について十分満足のいく仕方で語られていると君に思えるかどうか、検討してみてくれたまえ。それからまた、魂に関して、それに類した何か他の営みがあると思われるかどうかについてもね。その中の一方は、技術の性格をもつものであり、魂に関する最善のものについて、あらかじめ何らかの配慮を持ち合わせているのだ。それに対して、もう一方のものはそんなものは蔑(ないがし)ろにして、先の（身体の）場合

と同じように、ここでもまた魂の快楽だけを取り上げて、どうすれば魂に快楽が生じるかということのみを考察して、さまざまな快楽の中でどのようなものがより善いのか、あるいはより悪いのかについては考察することもなければ、それがより善いものであろうとより悪いものであろうと、喜ばせること以外のことは気にかけもしないのだ。

C　この僕にはね、カリクレス、そうした営みが実際にあると思われるし、僕としては、そのようなものは迎合にすぎない、と主張したいのだ。身体に関するものであろうと、魂に関するものであろうと、あるいはまた人がその善し悪しについては何ら考慮することなく、そこから得られる快楽だけを大切にしているような他の何に関してであろうとね。そこで、君自身の考えはどちらだろう。それらの営みについて、われわれと考えを同じくしてくれるだろうか、それとも意見を異にするだろうか。

カリクレス　いや、僕としては反対せずに同意することにしよう。あなたの話に片がつくようにね。また、こちらのゴルギアスを喜ばすためにもね。

〔大衆向けの弁論術としての芸術に対する批判〕

D　ソクラテス　ところで、そうした営みは一つの魂にだけ関わるものであって、二つあるいはもっと多くの魂に関わるものではないのだろうか。

カリクレス　いや、一つだけではなく、二つあるいはもっと多くの魂に関わるものだ。

E

ソクラテス　だとすると、それは大勢の魂を同時に喜ばせることもできるのだろうか。最善ということついては何ら顧慮することなくね。

カリクレス　僕としてはできると思う。

ソクラテス　では、そうしたことを成し遂げる営みとはどのようなものか、君は言うことができるだろうか。それよりもむしろ、君さえよければ、僕が質問して、ある営みがそれに属すると君に思われたら肯定してもらい、他方、ある営みは属さないと思われたら否定してもらうことにしよう。まずはじめに、笛を演奏する術について考察することにしよう。君にはそれが何かそういった性質のものであるように思えないだろうか。つまり、われわれが覚える快楽だけを追求して、他のものは何一つ考慮しないようなものである、と。

カリクレス　僕にはそう思える。

ソクラテス　それから、それに類したもののすべて、例えばコンテストでキタラを演奏する術なども、そうではないだろうか。

カリクレス　そうだ。

ソクラテス　では、合唱隊を指導する術とか、ディテュランボス[*72]の創作はどうだろう。それらもまた、何かそうした類いのものであるように君には思われないだろうか。君は、メレースの息子のキネシアス[*73]が何かこうしたこと、つまり聴衆たちがそれを聞いて、より善い人間になるようなことを語るように心がけていると思うだろうか。それと

502A も、何が大勢集まった観客たちを喜ばせることができそうか、ということだけだろうか。

カリクレス　明らかに、あとのほうだ。少なくともキネシアスについてはね。

ソクラテス　では、彼の父親のメレースはどうだろう。君には彼が最善のものに目を向けてキタラを演奏したと思われただろうか。それとも、彼については最も快いことにさえ目を向けていなかったと思われただろうか。というのも、彼は歌うことで観客に苦痛を与えていたからだが。それでは、キタラで吟唱する術とディテュランボスの創作の全体が快楽のために考案されたのだと君に思われないかどうか、一つ考えてみてくれたまえ。

カリクレス　僕にはそう思える。

B ソクラテス　では、あの荘重かつ賛嘆すべき術、悲劇の創作が真剣に取り組んでいるものは何だろうか。その試みと真剣さは——君に思われるところでは——観客を喜ばせることに尽きるのだろうか、それとも仮に何か彼らにとっては快いもの、お気に入りのものだったとしても、邪悪なものである場合には、それを口にすることのないように闘い抜くことも含むのだろうか。他方、もしも何か不快ではあるが有益なものである場合には、喜ばせることになろうとなるまいと、それを語りもすれば歌いもするのだろうか。どちらの仕方で悲劇の創作は作品を提供すると君には思われるだろうか。

C カリクレス　それは明らかに前者だよ、ソクラテス。つまり、それは快楽と観客を喜

D

ばせることを目指して突き進むのだ。

ソクラテス　だからこそ、カリクレス、われわれは今しがた、そのようなもののことを迎合だと主張したのではないだろうか。

カリクレス　確かに。

ソクラテス　よし、それでは、仮に人が作品全体から旋律とリズムと韻律をそっくり取り去ったとしたら、残されるのは言葉以外にないのではないだろうか。

カリクレス　当然だ。

ソクラテス　ところで、それらの言葉は大勢の群衆や民衆相手に語られるのではないだろうか。

カリクレス　認める。

ソクラテス　ということは、創作術というものは一種の大衆向けの演説なのだ。

カリクレス　そのように見えるね。

ソクラテス　だとすれば、それは弁論術を用いた大衆向けの演説ということになりそうだね。それとも、君には作家たちが劇場の中で弁論の術をふるっているようには思われないだろうか。

カリクレス　僕にもそう思われる。

ソクラテス　とすると、われわれは今、このような大衆――子供も女も男も、奴隷も自由人もひっくるめた大衆――向けの一種の弁論術を発見したようだ。それをわれわれ

はあまり評価しないのだが。というのも、それは迎合をこととするものだ、というのが
われわれの主張だからだ。

カリクレス　いかにも。

〔迎合政治批判と「真の意味における政治」〕

ソクラテス　それについてはよしとして、ではアテナイの民衆やそれ以外の国々にお
E ける自由人たちから成る民衆を相手にした弁論術については、どうだろうか。それはい
ったいわれわれにとって何なのだろう。君には次のどちらだと思われるだろうか。君に
は、弁論家たちがいつでも最善のものを目指して、つまりどうすれば国民たちが自分た
ちの言論を通じてできるだけ善い人間になれるのかというその一事だけに狙いを定めて
語っているように思われるだろうか、それとも彼らもまた国民を喜ばせることに向かっ
て突き進んでいるのだろうか。そして、自分たち自身の私的利益のために公共の利益は
蔑(ないがし)ろにして、ちょうど子供の相手をするようにして国民と付き合い、彼らを喜ばせる
503A ことに努めるだけで、それによって、はたして彼らが前より善い人間になるか劣悪な人
間になるかについては何ら顧慮するところがないのだろうか。

カリクレス　あなたが尋ねているその点については、もはや単純ではないね。という
のも、国民たちのためを考えて主張すべきことを主張している者たちがいる一方で、あ
なたが言っているような連中もいるからね。

ソクラテス　その答えで十分だ。もし実際にそれがどちらとも言えるものだとした
ら、その一方はおそらく迎合であって、大衆受けを狙った恥ずべき演説であり、他方、
もう一方のもの、つまり国民の魂ができるだけ善いものになるように配慮し、聞く者た
ちの耳にとって快かろうと不快だろうと、最善のことを語って闘い抜くことのほうは立
B 派なものだということになるだろう。しかし、君はいまだかつてそんな弁論術にお目に
かかったことはないだろうね。そうではなくて、君が弁論家の中で誰かそのような者を
挙げることができるというのなら、どうしてこの僕にもそれが誰だか早く言ってくれな
いのかね。

カリクレス　いや、ゼウスに誓って、今いる弁論家の中には、僕があなたに名前を挙
げられるような者は一人もいないよ。

ソクラテス　では、どうだろう。昔の弁論家の中からなら、君は誰か名前を挙げるこ
とができるだろうか。アテナイ人はそれ以前は低劣だったのに、その人が大衆相手に語
り始めてからというもの、その人のおかげでより善い人間になったと言われるような者
がね。というのも、それが誰なのか僕には分からないものでね。

C カリクレス　何だって。あなたはテミストクレス[*74]が優れた人物だったという話を聞い
たことがないのかね。それに、キモンやミルティアデス[*75]や、つい最近亡くなったペリク
レスについてもね。ペリクレスの演説は、あなたも聞いたことがあるはずだが。

ソクラテス　それは、カリクレス、君が先ほど徳だと主張していたもの——つまり、

D 自分自身の欲望も他人の欲望も含め、さまざまな欲望を満たすこと――が、ひょっとして本当に真実の徳だったとしたら、の話だね。しかし、それが徳なのではなくて、あとの議論でわれわれが同意せざるをえなくなったこと――つまり、欲望の中でも、それが満たされることによって人間をより善い者にするような、そういう欲望についてはこれを充足してやり、他方、低劣にするような欲望のほうは充足させないこと――が徳だとしたら、それは一種の技術だとわれわれには思われたのだ。君は、君が挙げた連中の中にそのような技術をそなえた者が誰かいたと主張することができるだろうか。どう言うべきなのか、少なくとも僕には分からないのだがね。

カリクレス　いや、よく探せば見つけ出せるだろうよ。[*76]

ソクラテス　それでは、彼らの中に誰かそのような者がいたかどうか、一つこういう仕方でじっくり考察しながら調べてみることにしよう。

〔秩序の美と魂の徳〕

よしきた。優れた人物は、最善のものを目指して語る場合、何を主張するにしても、
E 決して行き当たりばったりにではなく、あるものに目を向けながら語るのではないだろうか。それはちょうど、他のあらゆる職人たちが自分たちの作品に目を向けながら作業するのと同じなのだ。それぞれの職人は、使う材料にしてもでたらめに選び出して用いるのではなく、自分が制作しているものが彼の手で一定の形をなすように考えてそうす

504A るのだ。例えば、君が見たいとさえ思うなら、画家たちや大工たちや船大工やそれ以外のあらゆる職人たちの中の誰であろうと、個々の職人がどのようにして自分の制作するそれぞれの作品を一定のしかるべき構成[77]へともたらし、その部分と部分が適合し、調和するように強いるのかが分かるだろう。その全体がしかるべき仕方で構成され、秩序立てられたものにまとめ上げられるまでね。

それにまた、それ以外の職人たちも、今しがたわれわれが述べていた身体に関わる者たち、つまり体育教師や医者たちもまた、何らかの仕方で身体に秩序をもたらして、しかるべく整えるのだ。以上のことに関してはそのとおりであることに、われわれの意見は一致するだろうか。それとも一致しないだろうか。

カリクレス　その点については、そのとおりだとしておこう。

ソクラテス　とすると、しかるべき構成と秩序[78]が家にそなわるなら優れた家となり、しかるべき構成を欠いた状態[79]なら欠陥のある家になるのだろうか。

カリクレス　認める。

ソクラテス　それでは、船についても同様だろうか。

B カリクレス　そうだ。

ソクラテス　実に、われわれの身体についてもまた同様だとわれわれは主張するだろうか。

カリクレス　いかにも。

ソクラテス　では、魂についてはどうだろう。それは整えられていない状態の時に優れたものになるのだろうか、それとも何らかのしかるべき構成と秩序を得る時にだろうか。

カリクレス　これまでの議論からすれば、その点についても、つまりあとのほうに賛成するのが当然だ。

ソクラテス　それでは、身体の各部分がしかるべき仕方で整えられ、秩序立てられることから身体の中に生じるものの名前は何だろう。

カリクレス　おそらく健康と強壮さのことをあなたは言っているのだろう。

c ソクラテス　いかにも。では、今度はまた、魂の各部分が整えられ、秩序立てられることから魂の中に生じるものは何だろう。前の例と同じように、その名前を見つけて言うように努めてくれたまえ。

カリクレス　どうして自分で言わないのかね、ソクラテス。

ソクラテス　いや、そのほうが君にとって好ましいのなら、僕が言うことにしよう。君のほうは、もし僕の言うことが適切だと君に思われたなら、賛同してくれたまえ。そうでなかったら、論駁して僕の言いなりにならないでくれたまえ。僕に思われるところではね、身体が整っていることに対する名前は健康的ということであって、それが因になって身体の中に健康やその他の身体の卓越性[*80]が生じるのだ。そのとおりだろうか、それとも違うだろうか。

D カリクレス　そのとおりだ。

ソクラテス　他方、魂が整えられ、秩序づけられている状態に対しては倫理[*81]とか規律[*82]といった名前がつけられており、それらに基づいて人々は倫理的で慎しみのある人間になるのだ。そして、そうした人々のあり方こそが正義と節度にほかならない。肯定するかね、それともしないだろうか。

カリクレス　そうだとしておこう。

ソクラテス　だとすると、あの弁論家、つまり技術をそなえた優れた弁論家は、それらのものに目を向けながら、人々の魂に対して何であろうと自分が語ろうとすることを語りかけるだろうし、またそのあらゆる行動に関しても、例えば何か贈り物を与える時には与え、何かを奪う時には奪うことだろう。常にこのことに注意を払いながら。つま
E り、彼の同胞である国民のあいだで、その魂の内に正義が生じる一方で不正は取り除かれるとともに、節度が生じて放埒は取り除かれ、さらにはそれ以外の徳が生じて悪徳は姿を消すように、とね。君は認めてくれるだろうか、それとも認めてくれないだろうか。

カリクレス　認めよう。

ソクラテス　それというのもね、カリクレス、病んでいて劣悪な状態にある身体に多くのとてもおいしい食べ物や飲み物や他の何でも与えることに、いったいどんな利益があるというのだろう。それは、何の利益にもならないどころか、正しく見積もれば、逆

505A に有害でさえあるというのに。実際、そのとおりだろうか。

カリクレス　そのとおりだとしよう。

ソクラテス　なぜかというと、僕が思うところでは、身体の疾患を抱えながら生きることは人のためにならないからだ。だって、そうした状態では身体の不調に苦しみながら生きる他はないからね。そうではないだろうか。

カリクレス　そうだ。

ソクラテス　そういうわけで、諸々の欲望を満たしきること、例えば腹が減って食べたいだけ食べたり、喉が渇いて飲みたいだけ飲んだりすることについても、医者たちは健康な者にはたいていの場合、許すだろうけれども、病気の者には、いわば一度たりとも彼が欲しているものを満たすことを許さないのではないだろうか。君もその点については認めてくれるだろうか。

カリクレス　いかにも。

B ソクラテス　では、魂についても、とても優秀な御仁よ、同じことではないかね。魂が劣悪な状態にあるかぎり、つまり無分別で放埒で不正で不敬虔であるかぎり、それを欲望から遠ざけ、その思うがままに任せることなく、それが因（もと）でよりよい状態になるようなこと以外のことはさせないようにしなければならないのだ。君は認めてくれるだろうか、それとも認めてはくれないだろうか。

カリクレス　認める。

C

ソクラテス　というのも、そのようにするほうが、その魂自身のためになるからだね。

カリクレス　確かに。

ソクラテス　ところで、人が欲求しているものから遠ざけることは抑制によって矯正することだね。

カリクレス　そうだ。

ソクラテス　とすると、抑制によって矯正されることは、魂にとって、今君が思っていたような野放図な無抑制よりもためになるのだね。

カリクレス　あなたが何を言っているのか、僕には分からないよ、ソクラテス。僕ではなく、他の誰かに聞いてくれたまえ。

ソクラテス　この男ときたら、自分のためになることをされているのに、それを我慢できないのだ。自分自身が今話題になっていることを経験しているくせに。つまり、矯正してもらっているところなのに。

カリクレス　あなたが言っていることの何一つ、僕にはまったく関心のないことだね。これまでのことだって、ゴルギアスのために答えてきただけさ。

［対話の再中断］

ソクラテス　いいだろう。さてと、いったいわれわれはどうしたらよいだろう。議論の途中で打ち切るかね。
カリクレス　それはあなたが自分で決めることだ。
ソクラテス　いや、物語でさえ話の途中でほったらかしにするのは許されることでは
D ないのであって、頭のないままさまよい歩くことがないように頭を載せてやらなければ
ならない、と言われているのだよ。だから、われわれの議論にも頭がつくように、残り
も答えてくれたまえ。
カリクレス　あなたは何て強引な人なのだろうね、ソクラテス。もし僕の言うことを
聞くつもりなら、この議論とさよならするか、さもなければ他の誰かとでも対話するが
いい。
ソクラテス　それで、他の誰が引き受けてくれるというのだろう。[*83] ぜひとも議論を未
完成のまま放置することのないようにしようではないか。
カリクレス　あなたは自分自身で議論に決着をつけることはできないのかね。自分で
自分を相手に主張したり答えたりしながら。
E ソクラテス　あのエピカルモス[*84]の言葉が僕にあてはまるように、というわけだ。「以
前には二人の男が語っていたことを自分一人で十分こなすように」とね。しかし、どう
やら、どうしてもそうしないわけにはいかないようだ。とはいうものの、こういうふう
にすることにしよう。少なくとも僕の思うところでは、われわれがそれについて論じて
いることのうちの何が真実であり、何が虚偽なのかを知ることに関しては、われわれ全

員が他の者に遅れをとってなるものかと思わなければならない。というのも、それが明らかになることは、あらゆる者にとって共通の善いことだからだ。

506A そこで、僕としては、僕にそうだと思われるところを理論的に展開してみるつもりだ。でも、諸君の中の誰かに、僕が僕自身に対して同意を与えている事柄が真実でないと思われるなら、その者は僕をつかまえて論駁しなければならない。なぜなら、実のところ、僕にしても自分が主張していることをはっきり分かって主張しているわけではなく、諸君とともに探求しているところだからだ。したがって、僕に反論している人の主張に一理あると思われるなら僕が真っ先に同意するだろう。もっとも、僕がこのようなことを言うのも、われわれの議論が最後まで仕上げられなければならないと思われるとしての話だがね。でも、もし諸君が望まないのなら、すぐに解散して帰ることにしよう。

ゴルギアス　いや、ソクラテス、この僕に思われるところでは、まだ立ち去るべきで
B はなく、君は最後まで君の説を論じ尽くすべきなのだ。また僕の目には、他の人たちもそうするのがよいと思っているように見えるしね。僕としては、君自身が残りの部分について詳しく論じてくれるのを、ぜひともこの耳で聞きたいのだ。

ソクラテス　いや、実際、ゴルギアス、僕自身だって、喜んでこのカリクレスともっと対話したいところなのです。彼にゼートスの科白の御礼にアンピオーンの科白をお返しするまでですね。でも、君のほうに、カリクレス、議論を最後までともにする気がな

いというのなら、僕の話を聞いていて、僕が何かおかしいことを言っていると君に見え
C た時にはいつでも指摘してくれたまえ。そして、もし君が僕を徹底的に論駁したとして
も、僕は君が僕に対してそうしたように腹を立てることはないだろう。それどころか、
最大の恩恵者として君の名が僕の胸中に刻まれることになるだろう。

カリクレス　友よ、自分で論じて片をつけてくれ。

ソクラテス　それでは、僕が議論をはじめからもう一度まとめてみるから、よく聞いていてくれたまえ。

「快いことと善いことは同じものだろうか」。

——僕とカリクレスが同意したところによれば、同じものではない。

「では、善いことのために快いことを行うべきだろうか、それとも快いことのために善いことをなすべきだろうか」。

——善いことのために快いことをなすべきだ。

D 「しかるに、快いのはそれが生じた時にわれわれが快さを感じるものであり、善いのはそれが現にある時にわれわれが善い人間になるようなものだね」。

——いかにも。

「ところで、われわれが実際に善い人間になったり、その他のあらゆる善いものが善くなったりするのは、何らかの徳（卓越性）がそなわる時だね」。

——少なくとも僕には当然だと思われるがね、カリクレス。

「だが、実際には、それぞれのものにそなわる徳というのは、それが道具の徳であろうと、身体の徳であろうと、また魂あるいはどんな動物のそれであっても――でたらめきわまりないやり方でも至極立派にそなわるものではない。そうではなくて、それらの各々に本来割り当てられている、しかるべき構成と正しさと技術によるものなのだ。そのとおりだろうか」。

――僕としては、確かにそうだと認める。

E 「だとすれば、それぞれのものの徳は、しかるべき構成によって整えられ、秩序立てられたものなのだろうか」。

――僕としては認めることにしよう。

「だとすると、個々のものの内に生じるそれぞれに固有の何らかの秩序こそが、それぞれの存在を善いものにするのだろうか」。

――僕にはそう見える。

「ということは、魂もまた自分本来の秩序をそなえるとき、無秩序な魂より善いものになるのだ」。

――当然だ。

「ところで、秩序をそなえた魂は秩序立てられているだろうか」。

――どうしてそうでないことがあるだろう。

507A 「だが、秩序立てられた魂は節度があるものだね」。

——至極当然だ。

「とすると、節度のある魂は善い魂なのだ」。

——僕としてはそれ以外には言いようがないけれど、親愛なるカリクレス、君は言えるというのなら教えてくれたまえ。

カリクレス　話を続けたまえ、友よ。

ソクラテス　では、話を続けることにしよう。

「もし節度のある魂が善いものであるなら、節度のある魂と反対の状態にある魂は悪いのだ。それは思慮に欠けた放埒な魂のことだった」。

——いかにも。

「実際また、節度のある人は、神々に関しても人間たちに関しても、ふさわしいことを行うだろう。だって、ふさわしくないことを行っていたら節度があることにはならないだろうからね」。

B

——そうならざるをえない。

「さらにまた、人間たちに関してふさわしいことを行うことによって正義にかなったことを行うことにもなるだろうし、神々に関しては敬虔なことを行うことになるだろう。そして、正義にかなってもいれば敬虔でもあることを行う者が正義にかない、敬虔であることは必然なのだ」。

——そのとおり。

「それに加えて、勇敢であることも必然だろう。というのも、ふさわしくないことを追
求することも避けることも節度ある人のすることではなく、事柄であろうと人間であろ
うと、また快楽であろうと苦痛であろうと、避けるべきものは避け、追求すべきものを
C 追求することこそが似つかわしいからだ。そして、その人はとどまるべき場所に踏みと
どまって耐え抜くことだろう。そういう次第で、カリクレスよ、われわれが詳しく述べ
てきたように、節度のある人が正義にかない、勇敢で敬虔で完全に善い人であるという
のは、大いなる必然なのだ[*85]。善い人はまた自分が行うことは何でも善く立派に行い、そ
して善く事を行う人は祝福された幸福な人であり、他方、邪悪で善くない仕方でしか事
を行えない者が不幸であることも、また必然なのだ。それは節度のある人と反対の状態
にある者、つまり君が賞賛していた放埒な人間のことだろう」。
D いかにも、僕は以上に述べたことを僕の説として立て、それが真実だと主張する。そ
して、もしそれが真実だとしたら、幸福になりたい者は節度を追求して身につけるよう
に努めなければならないように思われるのだ。他方、放埒からは、それぞれの足が許す
かぎり、できるだけ速く逃げ去るべきなのだ。また、何一つ矯正される必要がないよう
に細心の注意を払うべきだが、仮に自分であろうと、あるいは誰か他の身内の者であろ
うと、個人であろうと国であろうと、そういう仕儀に至った場合には、罰を科されて矯
正されなければならない。もし幸福になろうとするならね。
それこそ、まさしく、人がそれに目を向けながら、自分自身のことも国のことも、万

E 事その一点に狙いを定めて生きていかなければならない目標にほかならないと僕には思
われるのだ。至福になろうとするなら、正義と節度がそなわるような仕方で事を行わな
ければならず、欲望を飽くことのないままに放置して、果てしのない災いにほかならな
い無法者の生活を送りながら、それらの欲望を満たすことに努めてはならないのだ。な
ぜなら、そのような者は他の人間にとっても神様にとっても愛すべき者になれるはずが
ないからだ。というのも、そのような者は人々と生活をともにすることができないのだ
が、生活をともにすることができない者に対しては友愛[*86]はありえないのだから。

　ところで、賢者たちの説くところによれば、カリクレス、この共同と友愛と秩序と節
508A 度と正しさが天と地、神々と人間たちを統合しているのだ。友よ、それだからこそ、彼
らはまた、この万有を無秩序とか放埒とかではなく、秩序（コスモス）あるものと呼んでいるのだ。と
ころが、君はこれほど頭がよいにもかかわらず、そうしたものには注意を払っていない
ように僕には思える。それどころか、神々のあいだでも、人間たちのあいだでも幾何学
的な平等が大きな力をもっていることに気づくこともなく、君は他人より多くのものを
所有すること[*87]に努めなければならないと思い込んでいるのだ。それというのも、君が幾
何学をなおざりにしているからだ[*88]。まあ、いいだろう。

B 　さて、となると、われわれとしては以上の主張を論駁して、幸福な者たちは正義と節
度を身にそなえているから幸福であり、不幸な者たちは悪徳が身についているから不幸
であるとは限らないということを論証するか、あるいはもしその主張が真実だとすれ

ば、そこから帰結するものは何なのかを考察しなければならない。実はね、カリクレ
ス、以前に述べたことのすべてが帰結するのだよ。それに関して君は、僕が本気で主張
しているのかどうか尋ねたけれど。僕はこう言っていたのだった。自分自身であれ、息
子であれ、仲間であれ、何か不正を犯した時には告発しなければならないし、そのため
にこそ弁論術も使わなければならないのだ、とね。また、決まりが悪いのでポロスは認
めたのだと君が考えていたことは、こうしてみると真実だったのだ。つまり、不正を加
えることは不正を加えられることよりも、より醜いぶんだけ、より悪いのだ、というこ
C とがね。だから、ふさわしい仕方で弁論家になろうとする者は、正義にかなった人物で
なければならないし、また正義にかなったことについての識者でなければならないの
だ。その点についてはまた、ゴルギアスは決まり悪さから同意したのだ、とポロスが言
っていたのだけれどね。

以上のことについてはそのとおりだとして、君が僕を非難していることがいったいど
ういうものなのか、考察してみることにしよう。はたしてそれが適切に言われているの
かいないのか、つまり僕は自分自身を助けることもできなければ、友人や身内の者の誰
一人として助けることもできず、最大の危険から救い出すこともできないということだ
が。そしてまた、市民権のない者たちと同じように、それが誰であろうと——君が使っ
D た乱暴な表現を借りれば——横面を張ったり、財産を奪ったり、国から追放したり、挙
げ句の果てには殺したいと望む者があれば、その者の意のままになってしまうのだ、と

ね。君の主張によれば、そのような状態にあることは、まさに最も恥ずべきことなのだそうだが。

対するに、僕の主張はといえば、すでに幾度も述べられはしたけれど、改めて主張されても何の差し障りもないのだ。僕としては、カリクレス、不当にも横面を張られるこ
E とが最も恥ずべきことだということには賛成しないし、また僕の身体が切られることについても、財布の紐を切られることについてもそうだ。そうではなくて、僕や僕のものを正義に反して殴ったり切ったりすることのほうがより恥ずかしく悪いことであり、同時にまた盗んだり奴隷に売り飛ばしたり、家に押し入ったりすること、要するに、それが何であれ僕と僕のものに不正を加えることのほうこそ、不正を加えられる僕にとってよりも不正を加える者にとって、より悪く恥ずかしいことだと主張するのだ。

「鉄と鋼の論理」と無知の自覚の表明

以上の点については、もっと前のところ、先ほどの議論の中でも僕の主張どおりであることがわれわれの目に明らかになったのだが、それは――いささか粗野な言い方をす
509A ることが許されるなら――鉄と鋼（はがね）のごとくに強固な論理によってしっかり捉えられ、固定されているのだ。少なくとも、そのように思われるのだがね。そして、それらの議論を君あるいは君以上に威勢のよい誰かが打ち破らないかぎり、僕が今主張しているのと別の主張をしたとしても、適切に語ることにはならないのだ。とはいうものの、この僕

の言い分はいつも同じで、以上のことが本当のところどうなのかについて知っているわけではない。しかし、僕がお目にかかったことのある人間の誰一人として――ちょうど今のように――僕とは異なる主張をして笑い物にならずに済んだ者はいないのだ。だから、僕としては、ここでもまた以上のことはそのとおりだとしておこう。[*89]

B　さて、実際にそのとおりであって、不正こそが不正を加える者にとって悪の中でも最大のものであり、さらには不正を働きながら罰を受けないこと――それが可能としての話だが――はその最大の悪よりもいっそう大きな悪だとすれば、人はどのような助けを自分自身に与えることができない場合に、真の意味で笑い物になるのだろうか。それはこのような、つまり最大の害悪をわれわれから遠ざけてくれるような助けではないだろうか。いや、まさにその助けを自分自身にも自分の友人たちや身内の者たちにも与えることができないことこそ最も恥ずべきである、という結論にどうしてもならざるをえないのだ。二番目に恥ずべきは二番目に大きな害悪を遠ざけてくれる助けを与えられない
C　ことであり、三番目に恥ずべきは三番目に大きな害悪を遠ざけてくれる助けを与えられないことであって、それ以外についても同様なのだ。それぞれの害悪の本性的な大きさに応じて、個々のものに対して助けを与えることができることの立派さと、そうできないことの恥の程度も決まるのだ。

はたして違うだろうか、それとも以上のとおりだろうか、カリクレス。

カリクレス　違わないよ。

ソクラテス　とすると、われわれの主張するところでは、二つのもの、すなわち不正
を加えることと不正を加えられることとがある場合、不正を加えることのほうがより大き
な悪であり、不正を加えられることのほうがより小さな悪だということになる。では、
D 何を準備して整えておけば、人は自分自身を助けて、それらの利益の両方とも得ること
ができるだろうか。つまり、不正を加えないことから得られる利益と不正を加えられな
いことから得られる利益の両方をね。力と意思のどちらだろう。僕が言おうとしている
のは、こういうことだ。はたして不正を加えられまいと望みさえすれば、不正を加えら
れることはないのだろうか。それとも、不正を加えられないだけの力をそなえる場合の
どちらだろうか。

カリクレス　それは明らかにあとのほう、つまり力をそなえる場合に決まっている。

ソクラテス　では、不正を加えることについてはどうだろう。不正を加えようと望み
E さえしなければ、それだけで十分なのだろうか、つまり、不正を働こうとは決してしな
いのだろうか。それとも、そのためにも、ある種の力と技術を身にそなえておかなけれ
ばならないのだろうか。それらを学んで練習しておかないと不正を働くことになる、と
いう理由からね。まさにその点について、どうして君は僕に答えてくれないのかね、カ
リクレス。君には僕とポロスが前の議論の中で同意することを余儀なくされたのは正し
かったと思われるだろうか、それとも違うだろうか。誰一人として不正を働くことを望
んでいる者はおらず、不正を働く者は皆、心ならずも不正を働いているのだ、というこ

510A とにわれわれが同意した時のことだけれど。

カリクレス　あなたのためにそうだということにしておこう、ソクラテス。あなたが議論に片をつけられるようにね。

ソクラテス　とすると、どうやらそのためにも、ある種の力と技術をそなえなければならないようだね。われわれが不正を犯すことがないようにするためにもね。

カリクレス　いかにも。

ソクラテス　では、何一つ不正を加えられないように、あるいはできるだけそれを少なくするように備えるための技術とは、いったい何だろう。まさにそれだと僕に思われるものが君にもそうだと思われるかどうか、一つ考察してみてくれたまえ。この僕にそれだと思われるのは、こういうものだ。つまり、国の中でみずから支配するか、あるいはそれに加えて僭主になるか、あるいは既存の体制の仲間になるかしなければならない、ということだ。

B カリクレス　ほら、ご覧、ソクラテス。どれほど喜んで僕があなたを褒める用意があるかということを。あなたが何かよいことを言いさえすればね。今言われたことはとても素晴らしいと僕には思える。

ソクラテス　さあ、それでは、この点についても僕がよいことを言っていると君に思われるかどうか検討してみてくれたまえ。人と人が最も親しくなるのは、昔の賢者たちも言っているように、似た者同士のあいだではないだろうか。君にもそう思われないかね。

カリクレス　いかにも。

C　ソクラテス　だとすれば、粗野で教養のない僭主が支配しているところでは、仮にその国の誰かがその僭主よりもはるかに優れていたとしたら、僭主はきっと彼のことを恐れて、心の底から友になることは決してできないだろう。

カリクレス　僕にはそのとおりだと思われる。

ソクラテス　だが、誰かがはるかにくだらない者だったら、その者もまた友にはなりえないだろう。というのも、僭主はその男を見下して、決して友に対するように真面目な気持ちで向かい合おうという気持ちにはならないだろうからだ。

カリクレス　それもまた本当だ。

ソクラテス　実際、そのような者にとって、言うに値するほどの友として残るのは、先ほどの人間、つまり性格が似たり寄ったりで、同じものを非難したり賞賛したりしながら支配者に支配され、服従することに甘んじるような者だけだろう。その男は国の中で大いに権力をふるうことだろうし、その男に不正を加えてただで済む者は一人もいないだろう。そうではないだろうか。

D　カリクレス　そうだ。

ソクラテス　ということは、その国の若者の誰かが「どのようにすれば僕は大きな権力をふるい、かつ誰も僕に不正を加えないようにできるだろうか」と思案した場合に彼が採るべき方法は、どうやらこれ、つまり若い頃から直ちに主君と同じものに喜びを覚え、同じものに不快を感じるように自分自身を躾け、主君とできるだけ似た者になるように準備を整えることらしい。そうではないだろうか。

カリクレス　そうだ。

ソクラテス　そのようにして、その男には不正を加えられないことと、君たちが主張
E するところの国の中で大きな権力をふるうということが達成されることになるのだ。

カリクレス　大いに。

ソクラテス　では、不正を加えないことについても、そうだろうか。それとも、それはとんでもない話だろうか。というのも、その男は不正な支配者に似た者となって、その支配者のもとで大きな権力をふるうことになるのだからね。いや、僕の思うところでは、まったく正反対に、そのような状況にあって、彼のために整えられるのはできるだけ多く不正を犯すとともに、不正を犯しながら罰せられずに済ませるための用意なのだ。そうではないだろうか。

カリクレス　そのようだね。

511A ソクラテス　だとすれば、最大の害悪が彼の身に生じることになる。主君の真似をしたことと権力のおかげで魂が邪悪になり、損なわれてしまったせいでね。

カリクレス　何だか知らないが、あなたときたら、毎度毎度、議論を上へ下へと引っ張りまわすのだね、ソクラテス。それとも、ひょっとして、あなたにはこんなことも分

からないのかね。その主君を真似する男は、その気になれば真似しようとしない者を殺すこともできるし、その財産を奪い取ることもできるのだ、ということがね。

B ソクラテス　分かっているとも、優れたカリクレス。もし僕の耳が聞こえないのでなければね。君やポロスから今も嫌というほど聞かされ、国中のほとんどすべての他の連中からも聞かされているのだからね。だが、君のほうも僕の話を聞いてくれたまえ。つまり、例の男はその気になれば殺せるとのことだが、それは邪悪な人間が立派で善良な人間を殺すことなのだ。

カリクレス　だとすれば、それこそ腹立たしいことではないのかね。

ソクラテス　少なくとも分別のある人間にとっては、そうではないのだ。道理の示唆するところではね。それとも、君は、人はそれ、つまり、できるだけ長生きできるように備えをし、さまざまな危険から毎度われわれを救ってくれるような技術の練習を積まなければならない、と考えているのだろうか。例えば、君が僕に練習するように命じて
C いる、法廷で命を救ってくれるような弁論術と同じようにね。

カリクレス　ゼウスに誓って、僕があなたにそう忠告しているのは正しい。

ソクラテス　では、どうだろう、よき友よ。泳ぐことの心得もまた、何か厳（おごそ）かなものだと君には思われるかね。

カリクレス　少なくとも僕にはまったくそうは思えないね。

ソクラテス　とはいっても、その心得もまた死から人間たちを救ってくれるのだ。何

かその心得を必要とするようなものの中に落っこちてしまった時にはね。だが、君には
それが取るに足らないと思われるのなら、僕は君にそれよりも重要なものを挙げること
D にしよう。つまり、船の舵をとる術のことだ。それは、まさに弁論術と同じように、わ
れわれの生命だけでなく身体も[*90]財産もまた極度の危険から救ってくれるのだ。にもかか
わらず、その技術は控えめで慎ましく、何か華々しいことでも成し遂げてでもいるかの
ように、もったいぶって尊大になることもない。いや、法廷弁論と同じことを成し遂げ
ながら、例えばアイギナ[*91]からここアテナイまで無事に送り届けて命を救ったことになる
場合には、思うに二オボロス[*92]を請求するだけだし、あるいはエジプトや黒海のほうから
ここまでの場合にも、今しがた挙げたもの――自分自身と子供たちと財産と婦人たち[*93]
E ――を港まで無事に送り届けて降ろしたことによって施したその大きな恩恵に対して、
多めに見積もっても二ドラクマ[*94]を請求するにすぎない。そして、その技術をもった人物
自身は、それらの仕事を果たしたあとに下船すると、海と船の周囲を控えめな様子でぶ
らつくだけなのだ。
　それというのも、僕が思うに、彼は次の事実を考えに入れるべきことを知っているか
らだ。つまり、一緒に航海した客たちを海で溺れさせなかったことで、そのうちの誰を
益し、誰を害したのかは明らかではない、ということをね。なぜなら、彼らを船から降
512A ろした時に、身体に関しても魂に関しても、乗り込んだ時の状態より少しも優れた者に
したわけではないことを彼は知っているからだ。そこで、彼はこうも推論するのだ。例

えば、重い不治の病に身体を冒されている人が溺れ死なない場合には、その人は死なな
かったがゆえに不幸なのであって、船長（船の舵をとる者）によって何一つ益されると
ころがないのに[*95]、他方、人が身体より貴重なものである魂の中に多くの不治の病を抱え
ている場合には、海からであろうと、法廷からであろうと、他のどこからであろうと救
い出して生き続けさせるべきであり、それが本人のためになるなどということはありえ
ないのだ、とね。いや、ためになるどころか、邪悪な人間にとっては生き続けるほうが
B よいとは限らない、ということが彼には分かっているのだ。というのも、そのような者
が悪い生き方をすることは避け難いからだ。
　そういったわけで、われわれの生命を救っているにもかかわらず、船長が尊大にふる
まうような習慣はないのだ。それにまた、素晴らしい君、兵器を作り出す者についても
ね。彼は船長は言うに及ばず、将軍や他の誰にも劣らず生命を救うことができるのだけ
れども。なぜなら、時によると彼は国全体を救うことさえあるからだ。君の目に彼が法
廷弁論家と同じ程度にすぎないと見えることはあるまいね。実際、もし彼が口を開こう
C と思えば、カリクレス、まさに君たちがしているように自分のやっている仕事を持ち上
げながら、その主張で君たちを圧倒し、それ以外の仕事は取るに足らないとして、ぜひ
とも兵器の製作者になるように説き勧めることだろう。というのも、彼には十分な理由
があるからだ。対するに、君は君で、以前に劣らず彼と彼の技術を軽蔑して、まるで非
難するかのように兵器屋と呼ぶことだろう。そして、彼の息子に君の娘をやろうとも思

わなければ、自分（たち）が彼の娘をもらおうとも思わないだろう。しかし、実のとこ
ろ、君がそれに基づいて自分のことを賞賛しているさまざまな事柄から、兵器製作者
や、僕が今しがた挙げたそれ以外の連中のことを君が軽蔑するに足る、いったいどのよ
うな正当な言い分が出てくるというのだろう。君が彼らより優れているとともに、より
D 優れた生まれでもある、と言うだろうことは分かっているけれどね。

だが、「より優れている」ということが僕が主張しているものではなく、そのこと自
体、つまり、どのような人間であろうと、自分自身と自分のものを救って無事に保つこ
とが徳だとするなら、兵器製作者や医者や、生命を救うために作り出されたそれ以外の
諸技術に対する君の非難は笑うべきものになることだろう。いや、幸いなる友よ、「高
貴である」とか「優れている」ということは無事に保ったり保たれたりすること以外の
何かなのではないかどうか、一つ考えてみてくれたまえ。というのも、そのこと、つま
E り〈いったいどれだけ生きながらえることができるのか〉といったことは、真の男子た
る者は放念すべきであって、命を惜しむべきではないからだ。そうしたことに関しては
神にお任せし、誰一人として定められた運命を逃れることはできないと説く女性たちの
言葉を信じて、その次に来る問題について考えるべきなのだ。つまり、〈どのようにす
れば人は自分がこれから生きていく時間を最も優れた仕方で生き通すことができるの
513A か〉ということについてね。はたして自分がその中で暮らしている国の体制にできるだ
け似た者に自分を仕立て上げながらなのか。そうだとすれば、君も今、アテナイの民衆

にできるだけ似た者になるようにならなければいけないことになるのだが。仮に君が彼らに気に入られて、国の中で大きな権力をふるおうとするならね。

はたしてそれが君や僕にとってためになるものなのかどうか、人並み優れた御仁よ、考えてみてくれたまえ。月を天から引きずり下ろすテッタリアの女たちが遭ったと言われる[*96]目に僕たちが遭わずに済むようにね。われわれの最も大切なものと引き替えにして初めて、一国におけるそうした権力はわれわれのものになる[*97]のだからね。しかし、それ

B が誰であろうと、君に対して何かこうした技術、つまり君が――より善い方向にであろうと、悪い方向にであろうと――国の今の体制に同化しないままでも、国の中で大きな権力をふるえるようにしてくれる技術を与えてくれるような者がいるとでも思っているとしたら、僕の見るところ、君の考えは間違っているのだ、カリクレス。なぜなら、もし君がアテナイの民衆に対する愛に関しても、またほかでもない、あのピュリランペスの息子に対する愛に関しても何か本物の愛を成就しようとするつもりなら、うわべを真似するだけでは駄目で、根っから彼らと似た者にならなければならないからだ。そうい

C う次第なので、君を彼らと最も似た人間に仕立て上げる者、その者こそ、君が熱望するとおりの仕方で[*98]君を政治と弁論に通じた人間にしてくれるのだ。というのも、誰でも自分たちの性格に合った話し方で弁論がなされる時には喜ぶものだし、異質な仕方でなされる場合には不快になるものだからだ。君に何か異存がないとして、の話だがね、親愛なる友よ。以上の主張に対して、われわれは何か言うことがあるだろうか、カリクレ

ス。

カリクレス　何だか分からないが、あなたの言っていることはもっともなように僕には思えるけれども、僕の今の気持ちは多くの者が抱いているのと同じものだ。つまり、あなたの言葉に納得して従おうという気持ちにはあまりなれないのだ。

D **ソクラテス**　それは民衆に対する愛が、カリクレス、君の心の中にあって、僕に反対しているからだ。だが、その同じことについてわれわれが何度もいっそう詳しく考察するなら、君も納得して従ってくれることだろう。ところで、それぞれのものの世話をするため、つまり身体と魂の世話をするために必要なものを整える仕方には二つあったことを思い出してくれたまえ。その一つは快楽を目的として付き合うものであり、もう一つは最善のものを目的として、相手のご機嫌をとることなく、闘い続けながら付き合うものだ。あのとき、われわれが規定したのは以上のようなものだったのではないだろうか。

カリクレス　確かに。

ソクラテス　さて、その一方のもの、つまり快楽目当てのやり方は卑しくて、まさに迎合以外の何ものでもなかったのだ。そうではないかね。

E **カリクレス**　あなたがお望みなら、あなたのためにそういうことにしておこう。

ソクラテス　それに対して、もう一方のより高貴なほう[*99]は、われわれが世話をするのが身体であれ、魂であれ、それが最も善いものになるように世話するのだね。

カリクレス　いかにも。

ソクラテス　とすれば、このような仕方で、つまり国民たち自身をできるだけ優れた者にするような仕方で、われわれは国と国民の世話をするように努めるべきではないだろうか。実際、そのことを欠いては、われわれが前の議論の中で見出したように、他のどんな恩恵を施しても何の益もないのだ。もし莫大な財産や人々に対する支配権、あるいは他のどんな権力でも手にしようとしている者たちの考えが立派で優れたものでない
514A ならね。われわれはそのとおりだとしようか。

カリクレス　いいとも。そのほうがあなたにはうれしいのならね。

ソクラテス　では、カリクレス、われわれが国に関わる事業に公的資格で携わろうとして、例えば建物を建設するための事業、つまり市壁や造船所や神殿などの最も重要かつ大規模な建設事業へとお互いを促す場合、われわれが真っ先にしなければならないのは、はたしてわれわれがその技術[*100]——建築術——を心得ているのかいないのか、また誰
B から習ったのかという点について、われわれ自身を精査し、吟味することだろうか。そうしなければならないだろうか、それともそうしなくてもよいのだろうか、どちらだろう。

カリクレス　もちろん、そうしなければならない。

ソクラテス　それからまた、二番目に必要なのはこれ、つまり、われわれはこれまでに私的に友人の誰かのための、あるいはわれわれ自身のための家を建てたことがあるか

C

どうか、またその家は立派か出来損ないか、ということだ。[*101] そして、もし精査した上で、われわれの先生たちが優秀で有名な人であり、さらに先生たちと一緒にわれわれによって建てられた多くの立派な建物もあれば、われわれが先生のもとを去ってから建てたわれわれ自身の手になる建物もたくさんあることを見出すなら、そのように条件が揃っているのだから、公の仕事に携わることも分別のある者にふさわしいと言えるだろう。他方、われわれ自身の先生の名前を挙げることもできなければ、自分たちが建てた建物を何一つ、あるいは数だけは多いけれども取るに足らないものしか示すことができないなら、そのような状態でいながら公的な仕事に手を染めたり、お互いをそれへと促したりすることは、いかにも無分別なことになるだろう。以上に言われたことは正しいとわれわれは認めるだろうか、それとも認めないだろうか。

D

カリクレス　認めるとも。

ソクラテス　では、それ以外のことも含めて万事そのとおりだとするなら、もしわれわれが医者としての資格を十分そなえた者として公的に活動しようとお互いを促し合う場合にも、きっと僕は君のことを、君は僕のことを、こう言いながら調べるだろう。「よし、神々に誓って、ソクラテス自身の身体の健康状態はどうなのだろう。あるいは、これまでに誰か他の者でソクラテスのおかげで病気が治った者がいるだろうか。奴隷であれ、自由人であれ」。

そして、僕もまた君について、別途そうした点について調べると思うのだ。

E そして、もしわれわれのおかげで身体の状態がよくなった者を一人も——それが外国人であろうとこの町の者であろうと、男であろうと女であろうと——見つけることができなかったとしたら、ゼウスに誓って、カリクレス、本当に物笑いの種になってしまうのではないだろうか。人間、これほどひどく分別をなくすところまでいくとはね。つまり、あらかじめ個人として活動して、一方では行き当たりばったりに行う場合も多々あるとしても、他方では立派に成し遂げることを多く重ねて当の技術の修錬を十分に積む前に、例の「大甕作りから陶器作りを学ぼうと企てる」という諺よろしく、自分たち並びに他の同じような者たちまでも公的活動に従事するよう促すほどまでにね。そのようにふるまうのは分別を欠いたことだと君には思われないだろうか。

カリクレス　いかにもそう思われる。

ソクラテス　ところで、衆に優れた御仁よ、君は今まさに国政に携わろうとしていて、
515A この僕をも促しているのに僕が携わろうとしないものだから非難しているわけだが、僕たちはこのようにしてお互いを調べることにしないかね。

「よし、それなら、カリクレスはこれまでに国民の誰かをより優れた人間にしたことがあるだろうか。以前は邪悪で不正で放埒で分別を欠いていたのに、カリクレスのおかげで立派で優れた人間になった者がいるだろうか。外国人であれ、この町の者であれ、奴隷であれ、自由人であれ」。

B 僕に言ってくれたまえ、カリクレス。もし誰かがその点に関して君を問い質したら、

君は何と答えるのかをね。君との交際を通じて、誰をより優れた人間にしたと君は主張するのだろうか。君はためらっているのかい。公的に活動しようとする前に、私人として活動しているあいだに君が成し遂げた業績が現に何かあるかどうか答えるのを。

カリクレス　あなたは議論に勝ちたいのだね、ソクラテス。

ソクラテス　いや、勝ちたいから尋ねているのではなく、いったいどのような仕方で
われわれのところで政治が行われるべきだと君が考えているのかを本当に知りたいと思
C って尋ねているのだ。君が国政に携わろうとするとき、どのようにすればわれわれ国民
ができるだけ優れた者になれるのか、ということ以外にわれわれのために配慮すべきことが何かあるだろうか。政治に携わる者はそれを実践しなければならないということに、われわれはもう何度も同意したのではないかね。われわれは同意しただろうか、していないだろうか。答えたまえ。われわれは同意したのだ。君に代わって僕が答えるとね。

さて、優れた人物はそのことを自分自身の国に対して果たさなければならないとして、今度は思い出した上で僕に言ってくれたまえ。つまり、少し前に君が言及していた
あの連中について、まだ君には優れた政治家[*102]だったと思われるかどうかをね。ペリクレ
D スやキモンやミルティアデスやテミストクレスのことだが。

カリクレス　少なくとも僕にはそう思われるね。

ソクラテス　だとすれば、優れている以上は、彼らのそれぞれが自分たちの国民を低

劣な人間からより優れた人間にしたことは明らかなはずだ。そうしただろうか、しなかっただろうか。

カリクレス　そうした。

ソクラテス　それなら、ペリクレスが民衆のあいだで演説し始めた時には、アテナイ人たちは彼が最後の頃に演説した時よりも劣った状態にあったのだろうか。

カリクレス　たぶんね。

ソクラテス　たぶんどころではないのだ、優れた友よ。いや、同意されたことからすれば、そうでなくてはならないのだ。いやしくも彼が優れた政治家だったとしたらね。

E カリクレス　それがどうしたと言うのだね。

ソクラテス　何でもないよ。さあ、それに加えて、この点についても答えてくれたまえ。はたして、アテナイ人たちはペリクレスのおかげでより優れた者になったと言われているか、それとも、まったく正反対に彼によって駄目にされたと言われているかをね。

というのも、僕はこんなことを耳にしているからだ。ペリクレスは俸給制を最初に導入したことによって[*103]、アテナイ人たちを怠惰で臆病でおしゃべり好きで、お金が好きな人間にしてしまった、とね。

カリクレス　そんなことは耳の潰れたやつら[*104]からでも聞いたのだろう、ソクラテス。

ソクラテス　でもね、このことはもはや耳にしたのではなく、僕もはっきり知ってい

るし、君だって知っているはずだ。最初のうち、つまりアテナイ人たちが低劣な人間だ
った時にはペリクレスは評判がよくて、彼らはいかなる屈辱的な裁きも彼に下すことは
516A なかった。ところが、彼のおかげで立派で優れた人間になったまさにその時に――ペリ
クレスの晩年の頃だが――横領の廉で彼を有罪にしたのだ。それどころか、すんでのと
ころで死刑さえ求刑するところだったのだ。もちろん、彼が悪者だという理由でね。

カリクレス　それでどうだというのかね。だからペリクレスは駄目だったということ
になるのかね。

ソクラテス　いかにも、ロバや馬や牛の世話をする人間がそのような者だったとした
ら、駄目な世話係と思われるところだろうね。仮に自分を脚で蹴ったり、角で突いた
り、嚙みついたりしないのを引き受けておきながら、凶暴にしてしまったせいで、それ
B らすべてをするようにさせてしまったのならね。それとも、どんな動物の世話をするに
しても、大人しいものを引き受けておきながら引き受ける前よりも凶暴なものにしてし
まうような者は、誰であろうと駄目な世話係だと君には思われないだろうか。そう思わ
れるかね、それとも思われないかね。

カリクレス　まったくそのとおりだとしておこう。あなたを喜ばせるためにね。

ソクラテス　では、今度はこのことにも答えて、僕を喜ばせてくれたまえ。はたして
どちらだろう。人間もまた動物の一種だろうか、それとも違うだろうか。

カリクレス　どうしてそうでないことがあるだろう。

ソクラテス　ところで、ペリクレスは人間たちの世話をしていたのではないだろうか。

カリクレス　そうだ。

C ソクラテス　では、どうだろう。政治に関して優れた手腕をもつ彼が彼らの世話をしていたからには、彼らはより不正になる代わりに、彼のおかげでより正しい人間になったはずではないかね。今しがたわれわれの意見が一致したようにね。

カリクレス　確かに。

ソクラテス　しかるに、正しい人たちは温厚であるのが普通だ。ホメロスが言っているようにね[*105]。でも、君は何と言うだろう。そのとおりではないかね。

カリクレス　そのとおりだ。

ソクラテス　にもかかわらず、彼は自分が引き受けた時に彼らがそうであったよりも凶暴な人間に彼らをしてしまったのだ。それも自分自身に対してね。彼としては、いちばん望まないところだったろうに。

カリクレス　あなたは僕に賛成してほしいのかね。

ソクラテス　もし僕が真実を語っていると君に思われるならね。

カリクレス　それなら、そうだとしておこう。

ソクラテス　では、より凶暴というからには、より不正で低劣にしたのだろうか。

D カリクレス　そうだとしておこう。

ソクラテス　ということは、以上の話に基づけば、ペリクレスは政治に関して優れた者ではなかったことになる。

カリクレス　あなたの主張ではね。

ソクラテス　いや、ゼウスに誓って、君が同意したことからすれば、君だって優れているとは認めないはずだ。だが、今度はキモンについて僕に言ってくれたまえ。彼が世話した連中は彼のことを陶片追放にしたのではないだろうか。一〇年間、彼の声を耳にしないで済むようにね。また、テミストクレスをもそれと同じ目に遭わせた上に、さらに国外追放に処したのだ。そして、マラトンの英雄のミルティアデスに対しては、処刑
E
用の竪穴に放り込む判決を下したのであり、もし評議会の議長が制止しなかったら実際に穴に落とされる羽目になっていただろう。もし実際に彼らが君が主張するように優れた人物たちだったとしたら、そんな目に遭うことは決してなかったはずなのだけれどね。少なくとも優れた御者について言えば、最初は馬車から振り落とされることはなかったのに、馬たちの世話をし、自分たち自身も前より優れた御者になったその時に振り落とされるというようなことはないのだからね。そんなことは、馬を御することにおいても、他のどんな仕事においても決してないのだ。それとも、君にはあると思われるかね。

カリクレス　決してないと僕には思える。

ソクラテス　とすると、どうやら前に述べた主張――この国の中で政治に関して優れ

517A ていた人物をわれわれは一人も知らないという主張——は正しかったようだね。君のほ
うは、現在の人間の中には誰もいないことには同意したものの、以前の人間の中にはい
たとして、その連中を特に選び出したわけだが。だが、彼らも現在の連中と同じである
ことが判明したのだ。したがって、仮に彼らが弁論家だったとしたら、真の弁論術を用
いることもなければ——もし用いていたら失脚することはなかっただろうからね——、
迎合のための弁論術を用いることもなかったことになる。

カリクレス　いや、そうはいってもね、ソクラテス、以前の政治家の中の誰でもよい
けれど、その者が成し遂げたような業績を現在の人間の中の誰かが達成するなんて、と
B てもありえないよ。

ソクラテス　人並み優れた君、僕だって国の召使いとしての彼らの働きを非難してい
るわけではないよ。いや、僕の見るところでは、彼らは現在の連中以上に召使いとして
の務めを果たして、国に対してそれが欲しがるものをいっそう多く供給する能力があっ
たのだ。だが、実のところ、さまざまな欲望の流れの向きを変えて、その赴くがままに
任せないこと——国民たちがそれに基づいてより優れた者になることができるような、
そうしたものに向けて説得したり強制したりしながらね——、その点に関しては、彼ら
C は今の連中といわば何一つ変わるところはなかったのだ。まさにそれだけが優れた政治
家のなすべき仕事なのだけれどね。他方、艦船や市壁や造船所やその他のそれに類した
多くのものを整えることに関しては、彼らのほうが今の連中よりも凄腕だったことは僕

も認める。
　ところで、どうも僕と君は議論の中で滑稽なことをしでかしているようだ。というの
も、われわれが対話をしているあいだ中、われわれはいつも堂々めぐりしては同じこと
に行き着くのをいっこうに止めないのだからね。それも、われわれがお互いに何を主張
しているのか分からないままにね。だが、少なくともこのことだけは君もしばしば同意
D して分かってくれていると思うのだ。つまり、身体に関しても魂に関しても、それを扱
う営みには何か二通りあって、その一方は奉仕する術であり、それを用いて供給するこ
とができる、ということだ。例えば、われわれの身体が空腹を覚えた場合には食べ物
を、渇きを覚えた場合には飲み物を、寒さに震えている時には着物や布団や履き物を、
さらには身体が欲望を覚える他のものも供給するのだ。君に対して同じ例を使って述べ
ているのは、君がより容易に理解できるようにという意図があってのことなのだけれ
ど。
E 　今挙げたような品々の供給者は、小売商人であったり、貿易商人であったり、あるい
はまた何かそうした製品そのものを製造する者――製粉業者や料理人や織物業者や靴屋
や皮革業者であったりするが、そうした者が自分自身にもそれ以外の人間たちにも、身
体の世話をする者と見えたとしても、何の不思議もないのだ。つまり、以上のような生
業すべての他に体育術と医術といったような技術があるということを知らないようなす
べての人間の目にはね。実際、その技術は本当に身体を世話するものであって、それこ

518A そが以上のあらゆる技[106]を支配し、それらの技の成果を利用するのにふさわしいのだ。なぜなら、身体の良好な状態[107]にとって、どの食べ物や飲み物が有益で、どれが有害かを知っているからだ。それに対して、先ほど挙げたそれ以外のすべての技は、それを知らないのだ。まさにそれゆえに、それらの技は奴隷にふさわしく、人に仕えるものであって、自由人にはふさわしくないのだ。すなわち、それ以外の技はね。他方、体育術と医術は、正当にもそれらの上に君臨する女王なのだ。

B それと同じことが魂についてもあてはまるということについては、君は僕が話をしている時には理解していたように見えるし、また僕が主張していることを分かった上で同意もしてくれた。ところが、その少しあとには、この国の中に立派で優れた政治家がいたと主張するものだから、僕がどういう人たちのことなのかと尋ねたら、国政に関して次のような者たちとそっくりな連中の名を挙げたように思われるのだ。つまり、例えば僕が体育に関わることについて、身体の世話に関して優れた人間にはどのような人がい

C たか、また現在いるかと尋ねたとき、パン屋のテアリオン[108]やシケリア風料理術についての本を書いたミタイコスや、酒屋のサランボスといった者たちが驚くほど素晴らしい身体の世話人だったと大真面目で答えるのとちょうど同じようにね。その一人は驚くほどおいしいパンを、別の一人は料理を、もう一人はワインを提供してくれる、という理由でね。

そこで、もし僕が君にこう言ったとしたら、おそらく君は気分を害することだろう。

「君、体育術について何一つ分かっていないね。君が僕に言っている人間どもは、召使
いのようにさまざまな欲望を満たすものを調達する者であって、それらのものに関し
て、それが立派で善いものなのかどうかなどについては何も分かっていないのだ。彼ら
はそのような状態にありながら、人々の欲望を満たして身体を肥満させることによっ
て、その人たちには賞賛されるものの、彼らの身体のもともとの姿まで破壊してしま
D う。ところが、人々はまた、無知のゆえに、彼らを饗応していた輩を病気と身体のもと
もとの姿の喪失の原因であるとしてその責任を問うことはしないでおいて、ずっとあと
になって以前の快楽の充足が彼らに病をもたらす時が来ると——というのは、その充足
は健康のことなどお構いなしに生じたからだが——、そのときたまたま彼らと一緒に居
合わせ、何か忠告する者たち、まさにその者たちの責任を追及して非難を浴びせかける
のだ。おまけに、できるものなら何か害まで加えようとするが、それに対して、あの災
いの元凶である先の連中のことは褒めそやすのだ。

E 　そして、今、カリクレスよ、君もまたそれとそっくりなことをしているのだ。人々が
欲しがるものをふるまいながら、彼らをもてなしている連中を君は賞賛している
519A のだからね。確かに、彼ら、先の政治家たちが、われわれの国を大きくしたとも言われ
ている。だがね、実はあの昔の連中のせいで国がむくんでしまって内部で化膿している
という事実に人々は気づいていないのだ。というのも、その連中は節度と正義はそっち
のけで、港や造船所や市壁や貢租やそれに類した馬鹿げたもので国を飽食させたから

だ。そういう次第で、発作が起きて具合が悪くなると、人々はそのとき居合わせた忠告者たちの責任を追及し、他方、テミストクレスやキモンやペリクレスのことは賞賛するのだ。諸悪の元凶である連中をね。用心しないと彼らは君を攻撃するかもしれないし、僕の仲間のアルキビアデスのこともだ。彼らが獲得したものに加えて、もともともっていたものまで失うことになった時にはね。諸悪の元凶ではないとしても、たぶん共犯だとしてね。

B　にもかかわらず、確かに僕は馬鹿げたことが今も起きているのを目にしているし、昔の人たちについて耳にしてもいる。というのも、国が政治に携わっている人間のうちの誰かを不正を行っているとして拘束する時には、彼らはひどい目に遭わされているとして憤り、不満をぶつけるのを目の当たりにしているからだ。彼らの主張によれば、多くの善いことを国にしてやったのに、その挙げ句の果てに国によって不当に滅ぼされるのだ、とね。だが、すべて嘘なのだ。なぜなら、国の指導者たる者で、みずから率いる国そのものによって不当に滅ぼされる者など一人もいないはずだからだ。実際、政治家と称する連中とソフィストと称する連中とは変わるところがないように見える。というのも、ソフィストたちは、それ以外の点では聡明なのだが、こういうおかしな真似をしているからだ。

C　どういうことかというと、彼らは徳の教師と称していながら、弟子たちが自分たちに対して不正を犯していると言っては頻繁に告発しているのだ。彼らから恩恵を受けてい

ながら授業料も納めなければ他のしかるべき御礼もしない、と言ってね。だが、その言
D い分以上に理屈に合わないことがありうるだろうか。教師によって不正を取り除かれ、
善良で正しい人間になったあとで、正義を身につけているにもかかわらず、もっていな
いはずのもの[*109]によって不正を加える、などという話ほどね。それはおかしなことだと君
には思われないだろうか、友よ」。いや、これはカリクレス、君は僕が本当に大衆向け
の演説をせざるをえないようにさせてくれたね。君が答えてくれようとしないものだか
ら。

カリクレス　そういうあなたは誰かがあなたに答えてくれないと話すことができない
のかね。

E **ソクラテス**　それがどうやら僕にはできるらしいね。現に今だって、君が僕に答えて
くれないものだから長々と話をしているわけだから。さあ、親愛なる友よ、友情の神に
かけて、言ってくれたまえ。君には、誰かを善良な人間にしたと称する者が、その相手
に対して、その相手が自分のおかげで善良になって現に善良であるにもかかわらず、邪
悪であるとして非難するのは理屈に合わないと思われないだろうか。

カリクレス　僕にはそう思われるよ。

ソクラテス　それでは、人々を徳へと教育すると称している連中がそのようなことを
言っているのを君は耳にしたことがないだろうか。

520A **カリクレス**　いかにも、あるさ。しかし、どうしてあなたは何の値打ちもないような

やつらについて話すのかね。
ソクラテス　でも、君はあの連中、国を率いて、それが最も優れた国になるように配
慮すると称しながら、その時次第で、あべこべに最も性(たち)が悪いとして国を告発する者た
ちについては、何と言うだろうか。その連中はさっきの連中とどこか異なると君は思う
かね。同じだよ、幸いなる友よ、ソフィストと弁論家[*110]はね。そうでなければ、何かとて
も近くて似たり寄ったりのものなのだ。ちょうどポロス相手に僕が主張していたように
B ね。ところが、君はよく知らないせいで、一方——弁論術——はとても立派な何かだと
思い込んでいるのに対して、他方については見下している。だがね、本当のところは、
立法術が司法の術よりも、また体育術が医術よりもまさっているのと同じぶんだけ、ソ
フィストの術のほうが弁論術よりも立派なのだ。
　実は、僕としては、大衆相手の演説家とソフィストたちだけには、彼ら自身が教えて
いる相手[*111]を非難することを許したくないと思っていた。つまり、相手が彼ら自身に対し
て悪意をもっていると称してね。さもなければ、その同じ理屈で同時に彼ら自身を告発
することになるだろう。というのも、彼らが恩恵をもたらしたと称する者たちに、実は
まったく恩恵を施さなかったことになるからだ。そのとおりではないだろうか。
C カリクレス　確かに。
ソクラテス　実際、報酬抜きでただで恩恵を施すことは、どうやら彼らだけにできた
ことのように思われるのだ。もし彼らの言っていたこと[*112]が本当だったとすれば、の話だ

がね。というのも、人が何か他の種類の恩恵を施された場合――例えば体育教師のおか
げで脚が速くなったような場合――、もしその体育教師が報酬の支払いを相手の裁量に
委ねて、脚を速くしたら即刻代金を受け取る約束をあらかじめ交わしていなかったとし
たら、たぶん相手は御礼をせずに済ませてしまうことだろう。実際、僕が思うには、
D 人々は脚の遅さが原因で不正を犯すのではなく、（心の内に潜む）不正が因で不正を犯
すのだろうからね。そうではないだろうか。

カリクレス　そうだ。

ソクラテス　だとすれば、もし誰かがそれ自体、つまり不正を（相手から）取り除い
てしまうなら、もはや彼には不正を加えられる恐れはまったくなくなり、その人に限っ
て、自分が施す恩恵に対する謝礼について相手の裁量に委ねたとしても心配ないのだ。
人々を本当に善良にすることができるとすれば、の話だがね。そうではないだろうか。

カリクレス　認める。

ソクラテス　以上の理由からすると、どうやらそれ以外の助言に関しては、代金を受
け取って助言することは――例えば建築や他の技術に関しては――何ら恥ずべきことで
はない。

E カリクレス　そのように見えるね。

ソクラテス　しかし、それに対して、こうした実践的な課題について、つまり、人は
どのようにすればできるだけ善良な人間になれるか、また自分の家や国を最善の仕方で

運営できるのかということに関して、人が謝礼を与えない場合には助言することを承諾しないというのは恥ずべきこととみなされているのだ。そうではないだろうか。

カリクレス　そうだ。

ソクラテス　それというのも、その理由がこういう事実にあることが明白だからだ。つまり、さまざまな恩恵がある中でも、そうした助言を与えることだけが恩恵をこうむった者に恩返ししようという気持ちを起こさせるという事実にね。だから、もし人がそうした恩恵を施してやったあとで、その御礼に恩返しされるとするなら、けっこうな徴（しるし）だと思われるし、もしそうでないなら、よくない徴なのだ。以上については、そのとおりだろうか。

521A カリクレス　そのとおりだ。

ソクラテス　では、君はどちらの仕方で国を世話することへと僕を促すつもりなのか、一つ僕のためにはっきりさせてくれたまえ。アテナイ人たちができるだけ善良な人間になるように、医者のように彼らと戦いながら世話をするほうなのか、それとも召使いのようにして喜ばせるために付き合うほうなのか、そのどちらなのかをね。本当のところを僕には言ってくれたまえ、カリクレス。だって、君にはそうする義務があるのだからね。つまり、僕に対して率直にものを言うことで話を始めたのと同様の仕方で心に思っていることを最後まで語り通す、という義務がね。だから、今も堂々と、生まれにふさわしく言ってくれたまえ。

B

カリクレス　それなら言わせてもらうが、召使いのようにだ。

ソクラテス　これはまた、この上もなく高貴な生まれの友よ、君はこの僕に迎合しながら仕えるように促すのだね。

カリクレス　もしミュシア人[*113]と呼ぶほうがあなたにとって気持ちがよいのなら、それでも構わないがね、ソクラテス。というのも、もしあなたがそのようにふるまおうとしないなら……

ソクラテス　君が何度も言ったことをもう口にしないでくれたまえ。誰でもそうしたいと思えば僕を殺せるのだ、と。僕は僕でまた「邪悪な者が善良な者を」と言わずに済むようにね。また、僕が何かをもっていたとして、それを奪い取るだろう、ということもね。僕のほうがまた「しかし、奪い取ったとしても、それらのものをどう用いたらよいのかも分からず、僕から不正に奪い取ったのと同様の仕方で、手に入れてからも不正に用いることだろうし、また不正にということなら醜い仕方でということだし、醜い仕

C

方でということなら有害な仕方でということなのだ」と言わずに済むようにね。

カリクレス　何とまたソクラテス、お見受けしたところ、あなたはそうしたことの何一つとして身に加えられることはないと信じきっているようだね。まるで自分は安全地帯にいて、裁判にかけられることなど——それもおそらくはきわめて性（たち）の悪いつまらないやつによって——決してないと思ってね。

ソクラテス　とすると、カリクレス、僕は本当に分別に欠けるということになるね。

D もし僕がこの国では誰でもどんな目にでも遭いかねないということに思いが及ばないのならね。だが、僕にはこれだけはよく分かっているのだ。つまり、仮に僕が裁判にかけられて君の言うような何か危ない目に遭うことになった場合、僕を裁判にかけるような人間(たち)は性の悪いやつに決まっているということがね。——だって、真っ当な人間で不正を犯してもいない者を訴える者など一人もいないだろうからね。そして、もし僕が死ぬことになったとしても、何ら不思議はないのだ。どうして僕がそういったことを予見しているのか、お望みなら、君に言ってあげようか。

カリクレス　ぜひとも。

ソクラテス　僕の思うところでは、僕は自分だけが、とは言わないまでも、わずかばかりのアテナイ人とともに、真の意味での政治に関する技術に携わっていて、現在の人間たちの中ではただ一人、政治を実践しているのだ。なぜなら、僕がそのつど口にする言葉は、気に入られるためにではなく、最善のものを目指して——最も快いものを目指
E してではなく——語っているからだ。そして、僕としては、君が勧めること、つまりあの「気のきいたこと」をするつもりはないので、法廷で何を言うべきか分からないだろう。だから、ポロス相手に言ったのとまさに同じ話が僕にもあてはまることになるだろう。というのも、料理人が訴えて、医者が小さな子供たちのあいだで裁かれるのと同じような仕方で僕も裁かれることになるだろうからだ。実際、考えてもみたまえ。こうした連中につかまったそのような人間が、こんな場合に、いったいどんな弁明をすること

ができるだろう。もし誰かが彼を告発して、こう言ったとしたらね。
「子供たちよ、この男は君たち自身に多くの危害を加えるだけでなく、君たちの中でい
ちばん幼い者たちさえも切ったり灼いたりしては傷つけ、さらには干からびさせたり息
苦しくさせたりして困らせるのだ。私が多くの、ありとあらゆる種類のおいしいもので
522A 君たちをもてなしたのとは違って、とても苦い飲み薬を飲ませたり、むりやりひもじい
思いをさせたり、喉を渇かせたりして」。
　そのような災難に捉えられた医者がいったい何を言うことができると君は思うだろう
か。あるいは、もし彼が本当のことを言ったとして、つまり「それらすべてを、子供た
ちよ、皆の健康のために私はしてきたのだ」と言ったとしたら、そのような裁判員たち
は、どれくらい大きな声で騒ぎたてると君は思うかね。とても大きな声で、ではないだ
ろうか。

カリクレス　たぶんね。

ソクラテス　いや、そう思うべきなのだ[*114]。そうなると、その医者は何を言ったらよい
B のか、まったく途方に暮れてしまうとは思わないだろうか。

カリクレス　確かに。

ソクラテス　僕もまた出廷したら、きっとそのような目に遭うことになるのは分かっ
ている。だって、僕は自分が提供した快楽を数え上げることができないだろうからね。
彼らはそれを恩恵であり利益であるとみなしているのだけれど。でも、僕はといえば、

提供できる者たちをうらやむこともなければ、提供される者たちをうらやむこともない。そして、もし誰かが、僕が若者たちを議論でいきづまらせては堕落させていると主[*115]張したり、あるいは個人的にせよ公的にせよ、年長の者たちにきつい言葉を投げつけて誹謗していると主張したりする場合にも、僕はこんなふうに本当のことを告げるわけにはいかないだろう。つまり、
C 「正義にかなった仕方で私はそれらすべてのことを主張し、かつ実践しているのです、裁判員諸君！」裁判員諸君というのは、君たちの決まり文句だけれどね。[*116]
　また、他の何一つとして言うことはできないだろう。その結果、僕はたぶん成り行き次第で、どんなことでも身にこうむることになるだろう。

カリクレス　ところで、あなたには、ソクラテス、人が国の中でそのような状態に置かれていて、自分自身を助けることさえできないのが立派なことだと思えるかね。

ソクラテス　あの一つのものさえ彼にそなわっているならね、カリクレス。それにつ
D いては、君もまた幾度も同意したのだが。つまり、もし彼が人々に関しても神々に関しても、何一つ正義に反することを口にしたこともなければ、行ったこともないという仕方で自分自身を助けたとするならばね。というのも、それこそが自分自身を助けることの中でも最も強力なものであることは、われわれによって何度も同意されたからだ。
　だから、誰かが僕を論駁して、僕にはその助けを自分自身や他の者に与えることができないということを立証したなら、それが大勢の人間の前であれ、少数の人間の前であ

れ、自分一人きりで一人の者によって反駁されるのであれ、僕は恥じ入るだろう。そして、仮にその能力のなさゆえに死ぬことになるなら、いたたまれない気持ちになるだろう。

E

他方、もしこの僕が迎合を事とする弁論術の不足が原因で死ぬことになったとした場合は、僕にはよく分かっているのだが、君は僕が死にやすやすと耐えるのを目のあたりにすることだろう。というのも、死ぬことそのものについては、およそ理性を欠いた、男らしくない者でなければ誰一人恐れはしないが、不正を犯すことは恐れるからだ。[*117] なぜなら、魂が多くの不正な所業でいっぱいになった状態であの世に行くのは、ありとあらゆる災いの中でも最たるものだからだ。僕としては、もし君がお望みなら、それがそのとおりなのだという話を、一つ君にしてあげたいのだが。

カリクレス　他のことにもけりをつけたのだから、それにも片をつけてくれたまえ。

訳註

＊1　四八一C六の“ē”は削除する。テクスト的にも問題があり、意味をとるのに苦労する箇所であるが、ソクラテスの言う「同じ体験」とはともに二つのものを愛していることであり、「多少の違い」のほうは各々が愛している対象が異なることを指しているものと思われる。

＊2　クレイニアス（前四八〇頃―前四四七年）の息子アルキビアデス（前四五〇頃―前四〇四年）は、アテナイの指導者で、華麗かつ波瀾に満ちた生涯を送った。美少年で、少年の頃からソクラテスと親しかったとされる（プラトン『饗宴』二一二D以下、伝プラトン『アルキビアデスI』、『アルキビアデスII』を参照）。カリクレスとアルキビアデスには共通する要素もあるように思われる（三嶋 二〇二一、一四九―一六二頁参照）。

＊3　デーモス（前四四〇頃―前三九〇年頃）は、父親のピュリランペス（前四八〇頃―前四一三年頃）と同様、容姿の美しさで有名だったという。以下、ta paidika は内容に応じて訳し分ける。

＊4　原語は anō kai katō なので、文字どおりには「上へ下へと」の意味。

＊5　「支離滅裂」の原語は atopa.「場違い」、「風変わりな」とも訳せるが、文脈からこのように訳す。

＊6　リュラは撥弦楽器の一種。

＊7　「世間体」の原語は to ethos tōn anthrōpōn. 直訳すれば「人々の習い、習慣」。

＊8　「決まりが悪くなって」と訳した動詞の原語は aischynomai（一般には「恥ずかしく思う」の意）のアオリストの不定詞 aischynthēnai.

＊9　原語は、前註と同じ aischynomai のアオリスト形の分詞。

＊10　原語の physis は与格形。「本性」、「本来の姿」をも意味する。詳しくは、Heinimann, 89-109 参照。

＊11　原語の nomos は、与格形。法や道徳、慣習などの行為規範の総称である。詳しくは、Heinimann, 59-89 参照。

＊12　原語は nomos の複数形 nomoi の対格形。一般に複数形は「法律」と訳されるが、今日的に見れば、賞賛と非難は法律というより、むしろ道徳に属するように思われる。

＊13　「取るに足らない弱い連中」の原語は hoi astheneis anthrōpoi.

＊14　弱者が強者を脅すというのは理屈に合わないように見え、ゼイルのように自動詞的に「恐れて（They're afraid of）」と訳したいところであるが、動詞が中動相ではなく能動相であること、また同時代の思想家と思われるアノニュムス・イアンブリキの断片中に、まさにスーパーマン的人間でも多数の弱者にはかなわないといった趣旨の記述があることから、文法どおりに訳しておく（三嶋 二〇〇〇、二二一—二二三頁参照）。Cf. Zeyl (tr.) 1987, 53; Zeyl (tr.) 1997, 827.

＊15　平等の理念を弱者のルサンチマンに還元しようとする試みについては、プラトン『国家』第二巻冒頭の「グラウコンの挑戦」として知られる箇所を参照。

＊16　「より優秀な者」の原語は ho ameinōn の対格形。

＊17　「（より）劣った者」の原語は ho cheirōn の属格形。

＊18　「能力でまさる者」の原語は ho dynatōteros の対格形。

＊19　「（能力で）劣る者」の原語は ho adynatōteros の属格形。

＊20　クセルクセス（生年不明—前四六五年）は、アケメネス朝ペルシアの第四代の王。ダレイオス一世（生年不明—前四八六年）の息子で、前四八〇年にギリシアに兵を進めたが、サラミスの海戦で敗北し、撤退した。

＊21　スキュティア人は、前七世紀から前三世紀にかけて、黒海北岸の現在のウクライナに相当する地域で

栄えた遊牧民族。

＊22　原語は kata physin tēn tou dikaiou.

＊23　原語は kata nomon ge ton tēs physeōs. この表現については、Cf. Dodds (ed.), 268.

＊24　原語は to tēs physeōs dikaion.

＊25　ピンダロス（前五一八頃—前四三八年頃）は、古代ギリシアを代表する詩人の一人。

＊26　ヘラクレスは、「一二の難業」で知られる英雄。

＊27　ゲーリュオネスは、ヘラクレスの一〇番目の難業の相手となる怪物。ヘラクレスに殺され、牛を奪われた。

＊28　「哲学の勧め」を「プロトレプティコス（前へと促す）・ロゴス」と呼ぶのであれば、哲学を断念させようとする以下の内容は「アポトレプティコス（引き離す）・ロゴス」と呼べるかもしれない。

＊29　「人情」と訳した原語は ēthos の複数属格形。ēthos は「行きつけの場所」といった意味から、個人や集団の「人柄」、「性格」などを意味することが多いが、ここではこのように訳しておく。

＊30　エウリピデス（前四八五頃—前四〇六年頃）は、三大悲劇詩人の一人。以下、引用されているのは『アンティオペー』から（作品は断片しか残っていない）。

＊31　「子供っぽい話し方」の原語は「遊ぶ」、「遊びをする」を意味する動詞 paizō の分詞形であるが、ここでは直前の dialegesthai houtō の説明ととるほうがよいと思われる。Cf. Dodds (ed.), 274.

＊32　「子供っぽいふるまいをしている」の原語も前註と同じ paizō の分詞形であるが、このように訳しておく。

＊33　原文は ta mesa tēs poleōs kai tās agorās であるが、Hendiadys 的に訳した。

＊34　ホメロス『イリアス』九・四四一行。

＊35　註＊30で言及した『アンティオペー』を指す。ゼートスとアンピオーンは兄弟。片やゼートスが実生

活を重んじるいわば「体育会系」であるのに対して、アンピオーンのほうは柔弱な「芸術派」の典型として描かれている、ようである。なお、この作品に見られる「実践的生（vita activa）」と「観想的生（vita contemplativa）」の対比をめぐっては、ブルーノ・スネルの論考を参照（Snell, 76-103）。

*36　同じ『アンティオペー』のゼートスの科白の引用。ただし、原作の「女のような（gynaikomimōi）」を「若者のような（meirakiōdei）」に変えている。Cf. Dodds (ed.), 277. 以下に続く引用も同じ作品に手を加えたもの。

*37　「資産」の原語はbiosで、一般には「生命」、「生活」を意味するが、ここではこのように訳す。

*38　原語はdoxazei.

*39　テイサンドロスについては詳細は不明であるが、ドッズは他の二人と同様、富裕層の子弟の一人と推測している（Dodds (ed.), 282）。

*40　アンドローン（前四四五頃—前四一〇年頃）は、プラトン『プロタゴラス』三一五C三—四では、ソフィストのヒッピアスの取り巻きの一人として挙げられている。同作品の中で、ヒッピアスもまたピュシスの名においてノモスを批判している（三三七C六—E二）。

*41　ナウシュキデース（前三九二年以前没）は、裕福な挽き割り麦製造業者だったとされる。

*42　「知恵」の原語はsophiā. 次の文章の中に「哲学すること（philosophein）」という語が出てきていることから見て、内容的には「哲学」を指すと考えてよいであろう。

*43　「使いものにならなくなっている」の原語はdiaphtheirōのアオリストの受け身の分詞複数主格であるが、ソクラテスの罪状の一つは、若者をdiaphtheirō——この場合は「堕落させる」と訳すのが一般的——したことであった（『ソクラテスの弁明』二四B八—C一参照）。なお、その罪状の妥当性をめぐっては、三嶋二〇二一を参照。

*44　このように、みずから進んで過ちを犯す者はおらず（「ソクラテスの逆説」）、過ちを犯すのは無知の

ゆえである、とする見方は「ソクラテス的主知主義」とも呼ばれる（例えば『プロタゴラス』三四五D九—E四参照）。

＊45　原語は nouthetein.

＊46　「より強い者」の原語は ho kreittōn の対格形。「弱い者」の原語は ho hēttōn の複数属格形。

＊47　「より優れた者」の原語は ho beltiōn の対格形。「劣った者」の原語は ho cheirōn の複数属格形。

＊48　「より優秀な者」の原語は ho ameinōn の対格形。「凡庸な者」の原語は ho phauloteros の属格形。

＊49　「力でまさる者たち」の原語は hoi ischyroteroi の対格形。「非力な者たち」の原語は hoi asthenesteroi の対格形。

＊50　「法や道徳とみなすもの」の原語は nomima. 四八八E七以下で用いられている nomizousin と関連づけて訳してみた。

＊51　原語は、前註の「法や道徳とみなすもの」と同じ nomima.

＊52　以下、ギリシア語の sōphrosynē については、文脈に応じて「節制」、「節度」と訳し分けることにする。訳し分けに苦労する箇所である。

＊53　「ころころ」の原語は anō katō で、文字どおりには「上へ下へと」の意。

＊54　「信じ込みやすく説得されやすい」の原語は pithanon te kai peistikon で、一種の言葉遊び。

＊55　原語は amyētos の複数対格形で、「秘儀に与っていない」と「締まりがない」の二義をかけていると思われる。

＊56　ドッズは、プラトンによる自由な脚色は認めつつ、もともとはエンペドクレスに由来する話と見ている (Dodds (ed.), 304)。

＊57　具体的にどんな鳥なのか不明であるが、貪欲であることで知られていたらしい。

＊58　原語は tous eu prattontas. 周知のごとく、eu prattein は「上手くやる」から「よい暮らしをす

る」、「幸福である」まで幅広い意味があるため、どう訳すか悩むところであるが、ここではこのように訳しておく。

＊59 原語は tois kakōs prattousin. これまた eu prattein と同様、どう訳すか悩ましいが、このように訳しておく。

＊60 有力写本に従って Kai egō は維持するが、manthanō までを一続きの文ととる。ドッズは Hermann による区切り方に賛成し、その根拠として『ラケス』一九一A五を挙げているが（Dodds (ed.), 311）、同じ『ラケス』の一九六A四には、話者はラケスであるが、All' egō toutou ou manthanō とあることから採用しない。

＊61 kai chronon はドッズに従って読まない。

＊62 「快いもの」と「苦しいもの」を指す。

＊63 「善いもの」と「悪いもの」を指す。

＊64 この箇所の読みについては、ドッズの提案に従う。

＊65 「より善い」の原語は beltiōn の複数対格形、「より悪い」の原語は cheirōn の複数対格形。

＊66 こちらの「善い」、「悪い」には原級の女性・複数主格形 agathai と kakai が用いられている。

＊67 原語は paraskeuai 一語であるが、このように敷衍して訳す。

＊68 ここで用いられているギリシア語は mageirikē であるが、前に出てきた opsopoiikē と同じく「料理術」と訳す。

＊69 「分割すること（diaireisthai もしくは diairesis）」は、「綜合（synagōgē）」とともに、プラトンの後期著作において重要な方法論的意義を帯びることになる。

＊70 「体質」の原語は physis の対格形。

＊71 「本性」の原語は、前註と同じ physis の対格形。

＊72 ディテュランボスとは、もともとはディオニュソス神に捧げられた合唱歌を指すが、のちには英雄伝説を中心とする合唱抒情詩を指すようになったと言われる。
＊73 キネシアス（前四五〇頃―前三九〇年頃）は、詩人にして笛（アウロス）の演奏家。父親のメレース（生没年不明）は、リュラの演奏では有名だったが、歌は拙かったと伝えられる。
＊74 キモン（前五一〇頃―前四四九年頃）は、ミルティアデスの息子で、アテナイの保守派の政治家にして将軍。
＊75 ミルティアデス（前五五〇頃―前四八九年）は、アテナイの政治家にして将軍。マラトンの戦い（前四九〇年）を指導したことで有名。のちに罰金刑を科された。
＊76 直前のソクラテスの最後の科白「どう言うべきなのか、少なくとも僕には分からないのだがね」とカリクレスの言葉「いや、よく探せば見つけ出せるだろうよ」については、写本、校訂者、訳者のあいだで読みが分かれているが、ゼイルと同じくドッズには従わず、F写本の読みに従うことにする（バーネットはW写本としているが、ドッズはF写本としている）。その最大の理由は、よく探せばそのような弁論家（政治家）を見つけ出せるとソクラテスが思っていたということは、これ以降の議論の展開からして、ありそうもないと考えるからである。Cf. Zeyl (tr.) 1987, 82, note 39; Zeyl (tr.) 1997, 848, note 18.
＊77 「しかるべき構成」の原語は taxis の対格形。
＊78 「秩序」の原語は kosmos の属格形。
＊79 「しかるべき構成を欠いた状態」と訳した原語は ataxiā の属格形。「整えられていない状態」とも訳す。
＊80 原語は「徳」とも訳している aretē であるが、ここではこのように訳すことにする。
＊81 原語は nomimon だが、ここではこのように訳しておく。
＊82 原語は nomos だが、ここではこのように訳しておく。

＊83　この一文を田中・加来（訳注）、中澤（訳）は、その場にいる他の聴衆への呼びかけととっているが、藤沢（訳）、加来（訳）一九六七、加来（訳）一九七四と同様、反語的にとる。四八六E五―四八七A三におけるソクラテスの発言から見て、ソクラテスがその場の聴衆の中にカリクレスほどに彼が対話相手に求める要件を満たす人物がいると考えたとは思えない。ソクラテスの対話相手としてのカリクレスがもつ意義については、中畑 一九九七、一七頁の的確な指摘を参照。

＊84　エピカルモス（前六世紀後半―前五世紀前半？）は、シケリア出身の喜劇作家。ディオゲネス・ラエルティオスによれば、プラトンにも思想的影響を与えたとされる（Diogenes Laertius, III. 9-17）。プラトン『テアイテトス』一五二E五では、「悲劇」のホメロスと並べて、喜劇作家の最高峰とされている。引用は、断片二五三に基づくとされる。Cf. Dodds (ed.), 332.

＊85　この「節度」もしくは「節制」、「正義」、「勇敢さ」、「敬虔」の四元徳のすべてを兼ねそなえた「完全に善い人」についての記述は、『ラケス』一九九C三―E一における「あらゆる善いことと悪いことについての知識」と徳の一性の問題を想起させる。なお、一つ注意すべき点は、ここでの「完全に善い人」にはそれぞれの徳の定義を与えることは求められていない点である（「訳者解説」参照）。

＊86　「友愛」の原語は philiā.

＊87　「他人より多くのものを所有すること」の原語は pleonexiā の対格形。

＊88　カリクレスに対するこのソクラテスの言葉からすれば、ソクラテス自身が幾何学を重視し、みずから学んでいなければならないことになる。われわれは、ここにすでに中期対話篇の先駆けを認めることができるかもしれない。

＊89　この箇所に見られる「鉄と鋼のごとくに強固な論理」についての確信と、いわゆる「無知の自覚」の表明との関係については、「訳者解説」参照。

＊90　「生命」の原語はこれまで「魂」と訳してきた psȳchē の複数対格形で、「身体」の原語は sōma の複

数対格形であり、本来は両方で生命の意味であるが、ここではこのように訳しておく。
＊91 アイギナは、サロニコス湾にある島の一つで、アテナイの南西約三七キロメートルに位置する。
＊92 一オボロスは、六分の一ドラクマに相当する。当時の職人の日当が一ドラクマだったとされ、二オボロスでも、その三分の一でしかないことになる。
＊93 必ずしも「今しがた挙げたもの」と列挙されている項目は一致しないが、原文どおりに訳しておく。なお、代金を請求する以上は、「子供たち」、「財産」、「婦人たち」を船長自身の家族や財産ととるのはおかしいであろう。
＊94 職人の日当の二日分ということになる。
＊95 このような考えは今日の人道主義的見地からすれば問題があるように思えるかもしれないが、時代差を考慮すべきであろう。
＊96 テッサリア（テッタリア）は、魔女が多いとされていた。月を天から引きずり下ろした罰として、視力や子供（もしくは足）を失ったとも伝えられる。Cf. Dodds (ed.), 350f.; Thompson (ed.), 144.
＊97 原文にある hē hairesis を「選択」の意味にとる訳がほとんどであるが（例外は Liddell and Scott (eds.)）、「獲得」の意味にとりたい。「最も大切なもの」は「権力」を手に入れるための対価なのである。
＊98 五一三B八の politikos はアストに従って削除する。
＊99 ドッズの提案に従い、「高貴な（gennaiotera）」を補って読む（Dodds (ed.), 353）。
＊100 専門技術を身につけているかどうかを判定する基準の一つとしての教師の有無については、『ラケス』一八六A六―B一を参照。
＊101 専門家の要件としての優れた作品の有無についても、前註同様、『ラケス』一八六B一―五参照。
＊102 「政治家」の原語は politai で、「国民」、「市民」とも訳せるが、文脈からこのように訳す。五一七C二についても同様。

＊103　ペリクレスは、裁判員への日当をはじめとして、兵士、水夫、評議会委員への日当を導入したとされる。Cf. Dodds (ed.), 356f.

＊104　「耳の潰れたやつら」は、スパルタ贔屓のアテナイ市民を指すと考えられる。耳が潰れる原因は拳闘を好んだことにあるという。

＊105　出典については、Cf. Dodds (ed.), 358.

＊106　「あらゆる技を」の原語は pāsōn tōn technōn で、technē という単語が用いられてはいるが、厳密な意味での「技術」とは認められていないので、「技」と訳した。

＊107　「良好な状態」の原語は aretē の対格形。

＊108　テアリオン（生没年不明）は、アテナイで評判のパン屋だったらしい。ミタイコス（生没年不明）は、彫刻で言えばペイディアスに匹敵する料理の名人だったとされる。酒屋のサランボス（生没年不明）についてはあまり知られていないが、ワインをブレンド（？）するのを得意としたようである。

＊109　すなわち、不正のこと。

＊110　ここでの「弁論家」は、ほぼ「政治家」に等しい。

＊111　「相手」の原語は prāgma の与格形で、一般に「事柄」、「物」などを意味するが、ここではドッズの“creature”に近い意味にとっておく（Dodds (ed.), 367）。

＊112　elegon の主語を「彼ら」ととるか、「僕」（「私」）ととるか、訳者の見解は分かれているが、直前のソクラテスの発言の流れから「彼ら」ととることにする。

＊113　ミュシアは小アジア北西部の地方で、「ミュシア人」は、いわば「人間の屑」とでもいった意味で用いられていたとされる。

＊114　oiesthai ge chrē は、ドッズに従って、ソクラテスの科白ととる（Dodds (ed.), 371）。

＊115　「若者たちを堕落させている」というのは、ソクラテスに対する主たる告発理由の一つだった（『ソク

ラテスの弁明』二三D一―二、二四B八―九参照)。その罪状の適否については、三嶋二〇二一を参照。

＊116 「裁判員諸君」の原語は andres dikastai.『ソクラテスの弁明』では、ソクラテスはこの「決まり文句」を使うことを周到に避けて温存し、最後の場面で自分に無罪投票をした者たちだけにこの言葉で呼びかけている(『ソクラテスの弁明』四〇A二参照)。

＊117 死と不正のどちらを恐れるべきかについては、『ソクラテスの弁明』二九A四―B九参照。

[エピローグ　死後の裁きについて]

523A
ソクラテス　「それでは聞きたまえ、とても素晴らしい話を」と人々なら言うことだろう。僕の察するところ、君はそれをお伽噺のようなもの[*1]と思うかもしれないが、僕は理にかなった話[*2]だと思う。というのも、これから話そうとすることは本当のこととして君に話すつもりだからだ。まさしくホメロスが語っているように、[*3]ゼウスとポセイドーンとプルートーン[*4]は、父親から支配権を受け取ったとき、それを互いに分担したのだった。ところで、クロノス[*5]の時代には人間どもに関して次のような掟（ノモス）があったのだが、それは今に至るまで常に神々のあいだに存在しているのだ。すなわち、人間どもの中で、正義にかなった仕方で、また敬虔に人生を最後まで生き通した者は、死んだ時には
B
至福者の島に赴いて、何の災いに煩わされることもなく完璧な幸福のうちに住まうことになるが、それに対して、正義に背き（そむ）、神々を蔑ろ（ないがし）にして生きた者は、その償いと罰のための牢獄——それを人々はタルタロスと呼んでいる——に行く、という掟だ。

さて、彼ら人間たちを裁く者たちは、クロノスの時代にも、またゼウス治下の最近に至るまでも、生きている者が生きている者たちを、つまり彼らが死のうとしているその当日に裁いていたのだ。そのために裁きは不適切な仕方で下されていたのだった。そこ

C でプルートーンと至福者の島を管理する者たちはゼウスのところに赴き、自分たちのど
ちらのほうにもふさわしくない人間たちがやって来ると訴えた。
　すると、ゼウスは口を開いて、
「そういうことなら、私がそうしたことが起こるのをやめさせよう。実際に現在、裁き
は不適切な仕方で下されている」と言い、「なぜなら、裁かれる者たちが服を着たまま
裁かれているからだ。それというのも、まだ生きているうちに裁かれているからだ」と
述べた。それから、こう続けた。「その結果、多くの者たちが邪悪な魂をもちながら
も、美しい肢体とか生まれのよさとか富だとかで着飾っている上に、いざ裁きが行われ
る段になると、彼らのために多くの証人がつめかけるのだ。彼らが正義にかなった仕方
で人生を全うしたと証言するためにね。
D 　そんなわけで、裁く者たちはそういったものによって気が動転させられてしまう上
に、同時に自分たち自身も服を着たまま、つまり目や耳や身体全体を垂れ幕のようにし
て自分たち自身の魂の前を覆った状態で裁いていた。実際、そういったすべてのものが
彼らの目の前を遮(さえぎ)っていたのだ。自分たち自身が身に纏っているものも、裁かれる者た
ちが身に纏っているものも含めてね」。そして言うには「そこでまず彼ら人間どもが死
ぬ時期をあらかじめ知るのをやめさせなければならない。というのも、今は知っている
からだ。そのこと、つまり彼らがあらかじめ知るのをやめさせるように、プロメテウス[*6]
E にはもう確(しか)と申しつけてある。次に、そうした身に纏ったいっさいを剝ぎ取った素っ裸

の状態で裁かなければならない。というのも、死んでしまっている状態で裁かれなければならないからである。そして、裁く者もまた、裸で、死んでいる状態で裁かなければならない。魂そのものだけによって、死を予期しないまま死んだ[*7]一人一人の魂そのものを——すべての親族から引き離されて、一人ぼっちで、あの身を飾るものはすべて地上に残したままの状態で——精査しながらね。それは裁きが正義にかなったものになるためなのだ。

524A　この私にはそういった事情が君たちより先に分かっていたので、私自身の息子たちを裁判官にしたのだ。そのうちの二人はアジア出身のミノスとラダマンテュスで[*8]、もう一人はエウロペ[*9]出身のアイアコス[*10]だ。さて、彼らは死んだら牧場の中の三叉路のところで裁きを行うことになる。その三叉路からは二つの道が延びていて、一つは至福者の島に、もう一つはタルタロスに通じている。そして、アジアからやって来た者たちはラダマンテュスが裁き、エウロペからやって来た者たちはアイアコスが裁くのだ。ミノスには、他の二人が何か迷うようなことがあった場合に裁定を下す栄誉を与えることにしよう。人間たちがそのあとに歩むべき道に関する裁きができるだけ正義にかなったものになるようにね」。

B　以上が、カリクレス、僕が耳にした話だが、僕は本当だと信じているのだ。そして、こうした話からは、何か次のようなことが帰結するものと僕は推測するのだ。すなわち、死というものは、僕に思われるところでは、二つのもの、つまり魂と身

体のお互いからの分離以外の何ものでもない。ところで、この二つのものが互いから分
離した時には、それらのどちらも当人が生きていた頃にもっていた自分自身の状態をさ
ほど劣ることなく保っているのだ。すなわち、その身体は自分の生まれつきの性質や世
話されることによって得たもの、また身にこうむったものをすべてそっくりそのまま、
C 明白な状態で保ち続けているのだ。例えば、誰かの身体が生前、生まれつきか栄養によ
ってか、あるいはその両方のせいで大きかったとすれば、死んだ時にもその遺体は大き
く、太っていたなら死んでも太っているし、またそれ以外についても同様なのだ。
　さらにまた髪を長く伸ばすことに努めていたとすれば、その遺体も長髪なのだ。ま
た、誰かが鞭打ちに値するような悪党で、打たれた傷——鞭によるものか、あるいは他
のものによる傷——の痕が生きている時に身体にあったとすれば、死んでしまった本人
の身体にもそれがそのままで残っていることが認められるのだ。あるいは、誰かの四肢
が生前、折れたり歪んだりしていたなら、死んでしまった時にも、それと同じものが明
D 瞭に見て取れるのであり、一言で言えば、生きているあいだにその者がどのような人間
なのかを身体の面で特徴づけていたものは、死んでしまったあとも一定期間は、そのす
べてあるいは大部分のものが目に明らかなのだ。
　とすると、実にそれと同じことが魂に関してもあてはまるように僕には思われるの
だ、カリクレス。魂が身体を取り去られて素っ裸になる時には、魂のうちにあるいっさ
いがあらわになるのだ。生まれつきの性質に属することも、それぞれが自分の仕事と取

り組んできた中で魂のうちに受け取った諸々の性質も含めてね。
　さて、人間たちが裁判官のもとに到着すると――アジア出身の者はラダマンテュスの
E もとに行くのだが――、ラダマンテュスは彼らをとどめ置いた上で、各人の魂を精査す
る。その際、彼はそれが誰の魂であるかは知らないまま、たびたびペルシア大王や、誰
525A であれ他の王や権力者をつかまえては、その魂に何一つ健全なところがなく、偽証と不
正のせいで手ひどく鞭打たれて傷だらけなのを見て取る。それらは各自の生前の一つ一
つの行いがその魂に刻印したものなのだ。さらには、その全体が嘘と法螺のために歪ん
でいて、真実を考慮せずに養育されたためにまっすぐなところが一つもないのを見て取
る。また、何でもしたい放題の権力と贅沢と傲りと自制を欠いたふるまいのせいで、そ
の魂が均整をまったく欠き、醜悪さに満ちているのを認める。そして、それと認めるや
否や、蔑んで名誉と権利を剝奪し、その魂を直ちに牢獄に送り込むのだ。魂はそこに赴
いて、しかるべき目に遭うことになる。
B 　さて、報いを受けるべき身にある者のすべてを待ち受けているのは、他の者からしか
るべき仕方で報いを受けて、より善良になって益されるか、さもなければ当人以外の者
たちにとっての見せしめになることだ。それは、他の者たちがその者がこうむっている
あらゆることを目の当たりにして恐ろしくなり、より善良に[*11]なるためだ。ところで、
神々と人間たちから罰を受けることによって益される者たちは、治療可能な過ちを犯し
た者たちだ。とはいっても、ここ地上においても、あの世においても、苦しみと痛い思

いをすることを通して初めて彼らは益されることになる。というのも、他に不正から解放される道はないからだ。

C それに対して、極端な不正を犯し、そのような不正のゆえに治療不可能になった者たちについては、彼らから見せしめとなるものが生じることになる。すなわち、彼ら自身は治療不可能なので今さら何一つ益されるところはないが、他の者たちは益されるのだ。つまり、治療不可能な者たちが、ひたすら見せしめのために、かの場所、あの世の牢獄の中で宙づりにされ、その過ちゆえに最も苦痛に満ちた恐ろしい目に永遠に遭い続けているのを目の当たりにすることによってね。それは絶えずやって来る不正な者たちに供される見せ物であり、教訓の役割を果たすものなのだ。

D 僕に言わせれば、もしポロスの言うことが本当だとすれば、アルケラオスはそのうちの一人になるだろうし、誰であろうとその類いの僭主である他の者もそうなるだろう。思うに、そうした見せしめとなる大多数の人間は、僭主や王や権力者や国政に携わっていた者たちから成ることだろう。なぜなら、彼らはその何でもしたい放題の権力ゆえに、最大かつ最も不敬虔な過ちを犯したのだから。

E そして、ホメロスもまた以上のことを証言している。[*12] すなわち、彼はその詩で、タンタロス[*13]やシーシュポス[*14]やティテュオス[*15]など、あの世にいる王たちや権力者たちを永遠に報いを受けている者として描いているのだ。他方、テルシテース[*16]や誰か他の平民が性悪だったとしても、治療不可能な者として厳罰に処されているところを描いた詩人は一人

526A

もいない。というのも、思うに、それほどの権力をふるうことは、そうした身分の者には不可能だったからだ。そういうわけで、そうした者はそうすることができた者たちよりも幸運だったのだ――いや、実際、カリクレス、極悪非道な連中は権力者たちから生まれてきているのだ。もちろん、彼らの中に善良な人間が出現することには何の差し支えもないし、善良になった者たちは大いに賞賛するに値するのだ。

なぜなら、それは難しいからだよ、カリクレス。だから、不正を行う絶大な権力の座に生まれながら正義にかなった仕方で最後まで生き通すのは、大いなる賞賛に値するのだ。しかし、そのような者はわずかしか出てこないのだよ。とはいうものの、この地でも他のところでも、人が託したことを正義にかなった仕方で手がける徳に秀でた立派で善良な人物が出てきたことはあるし、今後も出てくることと思う。

B

その一人で、この地以外のギリシア人たちにまでその名声が及んだのが、リュシマコスの子のアリステイデス[*17]だ。だが、権力者の多くは、いとも優れた友よ、悪くなるものなのだ。

ところで、まさに僕が言っていたことだが、あのラダマンテュスは、そうした者をつかまえると、その者について誰か性悪なやつであるという事実以外は何一つ知らないまま――それが誰であるかも、どんな類いの人間に属するのかも知らないまま――、その事実だけに注目して、タルタロスに送り込むのだ。その者が治療可能または治療不可能と思われる、という印をつけてね。そして、その男はそこに到着すると、しかるべき目

C に遭うことになるのだ。他方、それが平民のものであれ、他の誰かのものであれ、敬虔
に真実とともに生きた他の魂を見つけると——いちばん可能性が高いのは、僕に言わせ
れば、カリクレス、それはその人生において自分のなすべきことだけをなし、余計なこ
とには手を出さなかった哲学者の魂なのだが——、感心して至福者の島に送り出す。ま
た、それと同じことをアイアコスも行うのだ。二人とも杖を手にしてね。他方、ミノス
D だけが黄金の笏を手にして、睨みをきかせながら座についているのだ。ホメロスのオデ
ュッセウスが
「黄金の笏を手に、死者たちを裁いている[*18]」
のを目にした、と語っているようにね。

僕について言えば、カリクレス、以上の話に納得しているし、どうすれば裁判官にで
きるだけ健全な魂を見せることができるのかを考えているのだ。だから、大衆から受け
る名誉とはさよならして、真実に励み、できるだけ真に善良になって生き、また死ぬ時
E には死ぬように試みるつもりだ。そして、自分以外の他のすべての人々をも力のかぎり
促すとともに、とりわけ君を今言った生き方とそれを競う競技へと逆に促したいのだ。
その競技は、僕に言わせれば、この世のすべての競技に匹敵するのだ。そして、僕が君
を非難したいのは、このこと、つまり今しがた僕が物語ったような裁きと判決が君にも
訪れた時に、君は自分自身を助けることができないだろう、ということだ。先の裁判
527A 官、アイギナの息子[*19]のもとに君が出頭し、彼が君をつかまえて引っ立てていく際には、

この世での僕に劣らず、君はあの世で口をぽかんと開けたまま目をまわしてしまうだろうし、さらには誰かが君の横っ面を屈辱的な仕方で張り飛ばし、ありとあらゆる仕方で辱めることになるだろう、とね。

B

そうはいっても、君には以上の話はおばあさんの話と同様、お伽噺のように思われることだろうし、それを馬鹿にすることだろう。なるほど、もしわれわれがそれよりも優れていて、より真実に近い話を求めて何らかの仕方で見出すことができるのなら、それを馬鹿にしても何の不思議もないだろう。ところが、今ご覧のとおり、現在のギリシア人たちの中で最も聡明な君たち三人——君とポロスとゴルギアスの三人——が揃っていながら、その生き方——まさにそれこそは、あの世においても有益であることが明らかな生き方なのだが——以外の他の生き方をしなければならないということを論証することができずにいるのだ。いや、これほど多くの主張がある中で、それ以外のものはすべて論駁されているにもかかわらず、この主張、つまり不正を加えられることよりも不正を加えることのほうを用心すべきであり、また何にもまして、個人的にも公的にも人は善良であると見えることではなく、本当に善良であることを心がけるべきである、という主張だけが動かずにとどまっているのだ。

だが、誰かが何かの点で悪い人間になったとしたら懲らしめられるべきであり、実はそれが正しい人間であることに次いで二番目に善いことなのだ。つまり、罰を受け、懲

らしめられることによって正しい人間になることがね。そして、自分自身に関わるもの
であれ、自分以外の者たちに関わるものであれ、また少数相手であれ、大勢相手であ
C れ、およそあらゆる類いの迎合は忌避すべきなのだ。また、弁論術も、それ以外のあら
ゆる営みも、そのように、すなわち常に正義のために用いるべきなのだ。

だから、この僕を信じて、そちらのほうに、すなわち、そこに到達したなら——これ
までの話が示しているように——君が生きているあいだも死んでからも幸福であり続け
るであろう地点を目指して、一緒についてきたまえ。そして、誰かが君のことを愚か者
だとして馬鹿にしたり侮辱したりしようとしても、放っておきたまえ。いや、実際、ゼ
ウスに誓って、君は平然としてその不名誉な打擲（ちょうちゃく）を受けるに任せたまえ。なぜなら、
D 君が徳の涵養に努めて真に立派で善良な者になっているなら、何一つひどい目に遭うこ
とはないからだ。それから、ともにそのように励んだ上で、必要と思われるその時に
は、政治に携わることにするか、あるいはどのようなことでもわれわれによいと思われ
ることについて思慮をめぐらすことにしよう。今よりも思慮をめぐらすにふさわしい者
になってからね。というのも、われわれが現にあると思われるような状態のままでいな
がら、にもかかわらず、ひとかどの者であるかのようにして青二才のようなふるまいに
E 及ぶのは、いかにも醜いことだろうからだ。なにせ、今のわれわれは同じ事柄について
さえ、それも最も重要な事柄に関して、決して同じ考えをもつことがないのだからね。
そこまでわれわれの教養のなさは昂じてしまっているのだ。

そういうわけなので、われわれは今傍らに姿を現している主張を道案内のようにして活用することにしよう。それは、われわれに対して、次のような生き方こそが最善の生き方である、と告げているのだ。すなわち、正義とその他の徳の涵養に努めながら生き、そして死ぬことがね。だから、われわれは、その主張に従うとともに、われわれ以外の者たちにも勧めることにしよう。君がそれを信じて僕をそれへと促したあの主張にではなく。だって、それには何の価値もないのだから、カリクレス。

訳註

＊1　「お伽噺のようなもの」の原語は mythos で、fiction に相当する。

＊2　「理にかなった話」の原語は logos で、ここでは先の「お伽噺」が作り話であるのに対して、本当の話として考えられている。

＊3　ホメロス『イリアス』一五・一八七行以下参照。

＊4　クロノスの息子のポセイドーンは地震、水もしくは海を支配し、プルートーンは地下と冥土を支配した。

＊5　クロノスは、三兄弟の父。

＊6　プロメテウスは、巨人族の一人。人間たちに火をもたらしたことで有名（プラトン『プロタゴラス』三二〇C九―三二二A二で語られる物語（ミュートス）を参照）。

＊7　アーウィンと同じく、exaiphnēs の意味については、ドッズが提案する「死後直ちに」には従わない。Cf. Dodds (ed.), 378; Irwin (tr.), 243.

＊8　ミノスとラダマンテュスは、ゼウスとエウロペのあいだに生まれた息子たちで、ミノスはクレタの王になった。

＊9　ここではアジアと対比されていることから見て、「エウロペ」はおおよそ現在のヨーロッパに相当すると見てよいであろう。

＊10　アイアコスは、ゼウスとアイギナのあいだに生まれ、アイギナ島の王になったとされる。

＊11　Hysteron Proteron ととる。

＊12　ホメロス『オデュッセイア』一一・五七六―六〇〇行。
＊13　タンタロスは、ゼウスの子の一人ではあるが、盗みの罪ゆえに罰せられた。
＊14　シーシュポスは、アイオロスの息子で、永遠に石を山頂に運び上げる罰を科されたことで有名。
＊15　ティテュオスは、レトを襲った罰として肝臓を禿鷹についばまれた。
＊16　ホメロス『イリアス』二・二二四行以下で、大将のアガメムノンに文句を言って、オデュッセウスに打擲される。身分の卑しい醜男として描かれている。
＊17　アリステイデス（前五二〇頃―前四六七年頃）は、「正義の人」として知られた高潔な政治家、将軍。
＊18　ホメロス『オデュッセイア』一一・五六九行。
＊19　アイアコスのこと。

訳者解説

はじめに

本書でも再三言及した英国の古典学者ドッズが「『ゴルギアス』は、プラトンの対話篇の中でも最も「現代的な」ものである」と述べてからすでに六〇年あまりが経つが（Cf. Dodds (ed.), 387)、その言葉は今日なお、というより、今日に至っていっそうリアリティーを増しているように思われる。ドッズは、その理由として、二つの課題――すなわち、民主主義社会においていかにしてプロパガンダの威力を統御すべきか、また伝統的価値基準が解体した世界においていかにして道徳の規準を再建すべきか――を挙げているが、それは二〇二〇年に行われたアメリカ大統領選挙の顚末を目の当たりにしたわれわれ現代人にとっても、まさに他人事ではない焦眉の課題だと言えよう。その混乱の根底にあるのは「もう一つの真実（alternative facts)」と称する主張に象徴される真実と虚偽の顚倒であるが、自分に都合の悪い事実はすべてフェイク（でっち上げ）だと決めつけ、ＳＮＳを通じて拡散する手法は、まさにレトリックにほかならない。また、現在の世界を見渡すと、本篇で不正の権化として持ち出されるマケドニアの独裁者アルケラオス顔負けの僭主のごとき指導者も少なくないようである。遺憾ながら『ゴルギアス』篇の世界は、われわれ自身が直面する現実なのである。だからこそ、われわれは今、本書を手に、そこで展開される熱い議論にみずから加わるべきなのではないだろうか。

一　本篇の構成と内容

著者のプラトンと本篇の執筆時期などについては解説の最後で簡単に触れることにして、まず本篇の構成について検討することにしたい。登場人物に関しては、註でそのプロフィールの概略を紹介するとともに、実際の対話を取り上げる中でも、そこから浮かび上がる人柄について若干触れることにする。

一読すれば分かるように、本篇は明確な構造をもち、プロローグとエピローグを含めると、以下の五部から構成されている。

プロローグ　ゴルギアスとは何者か

第一幕　ゴルギアス対ソクラテス

第二幕　ポロス対ソクラテス
第三幕　カリクレス対ソクラテス
エピローグ　死後の裁きについて

ご覧のとおり、三人の対話もしくは対戦の相手が次々とソクラテスを相手とするロゴスの土俵に上がるわけであるが、ドッズも言うように、その相互の関係は「ダイナミックであって、外的・機械的なものではない」のであり、その移行は「上昇する螺旋」のような構造を有している（Dodds (ed.), 3）。と同時に、第三幕のカリクレスとの対話をクライマックスとして上昇していくその議論の高まりは、探求されている事柄そのものへの洞察の深まりも意味している。以下、五つの部分について、順次その内容を概観していくことにしよう。

(1)プロローグ　ゴルギアスとは何者か（四四七A一―四四九C八）

対話篇全体の導入部をなす部分であるが、そこに登場するのは、順にカリクレス[1]、ソクラテス[2]、カイレポン[3]、ゴルギアス[4]、ポロス[5]の五人である。

この序幕の劇作上の役割は、〈ゴルギアスとは何者か〉という問いを端緒として、本篇の主題である〈弁論術とは何か〉を提示することにある。そのお膳立てをするのは、ソクラテスの崇拝者カイレポンとゴルギアスの高弟ポロスである。そして、いわば前座とも言うべき二人のジャブの応酬を介して、〈経験〉対〈技術〉、〈一問一答で議論のやり取りをすること〉対〈一方的に長広舌をふるうこと〉といった、のちの弁論術についての解明の中で重要な役割を果たす対立軸が予示される。

(2)第一幕　ゴルギアス対ソクラテス（四四九C九―四六一B二）

カイレポンの質問に対するポロスの答えを不十分とするソクラテスは、ゴルギアス本人が答えてくれることを望み、その要望に応えてゴルギアスが土俵に上がることになる。そこで議論される主なトピックを箇条書きにすれば、左のとおりである（便宜上、アルファベットをふることにする）。

(a)弁論術とは何か――その方法と対象
(b)弁論術による説得の特質
(c)弁論術の威力
(d)弁論術の悪用可能性と弁論家の責任の有無

以下、順にその内容を見ていくことにしよう。

(a)弁論術とは何か――その方法と対象

ここでは、まず「言論に関する知識」という広い規定から出発して、それを絞り込むために弁論術に固有の方法と成果が問われる。そして、方法に関しては、手作業をともなわず、言論によってのみ、その課題を遂行する点に特色が求められ、他方、同様の方法による他の理論的知識とは異なる固有の成果として、自分自身に自由をもたらす一方、他方では他人をも支配する力をも与えること——ゴルギアスによれば、それこそが健康や容姿の美しさや富にもまさる「最高に善いもの」だとされる——が挙げられる。そして、その成果を達成するのはまさに説得を通じてであることから、弁論術は「説得を作り出すもの」と規定される。

(b)　弁論術による説得の特質

(a)を受けて、まさに弁論術が作り出す「説得」がいかなる性質のものであるかが探求され、その説得が「正」と「不正」をめぐるものであることが明らかにされる。次いでソクラテスは「学ぶこと」と「信じること」の違いを指摘し、説得にも二種、すなわち「理解すること抜きで信念（だけ）を提供するもの」と「知識を与えるもの」を区別した上で、弁論術がもたらす説得がいずれであるかをゴルギアスに尋ね、前者である、との答えを引き出す。

(c)　弁論術の威力

弁論術が作り出す説得が知識を与えるものでないとすれば、それは無力で、出る幕はないように思われるが、ゴルギアスはそれにそなわる絶大な威力をソクラテス相手に得意げに並べたてる。まずは港湾や市壁の構築などの経済上・軍事上、重要な大規模事業がテミストクレスやペリクレスのイニシアティヴによるものであることを指摘する。

また、医者である兄が説得できなかった患者を自分が説得した経験も挙げて、集会の場で医者と弁論家のどちらが公的な医師として採用されるべきかを競うなら、勝つのは弁論家だと主張する。

(d)弁論術の悪用可能性と弁論家の責任の有無

So far so good. しかし、いささか調子に乗りすぎたか、ここでゴルギアスは言わずもがなの主張をして、みずから墓穴を掘ることになる。その主張とは、他の技術、例えば拳闘の術を教師から教わった弟子がそれを悪用もしくは濫用したとしても、責任は本人にあるのであって教師にはないのと同様に、弁論術を学んだ弟子がそれを悪用したとしても、教えた弁論家の責任を追及するのは間違いである、というものである。このゴルギアスの主張を受けてソクラテスは、まず議論の進め方についてゴルギアスの同意を取りつけた上で、その論駁に取りかかる。

本篇では、このゴルギアスの主張に対する論駁を皮切りに、続く第二幕、第三幕でも複数の論駁が遂行されるが、それらの論駁は多大の論争を呼び起こす元ともなった。本篇で展開される論駁——古典ギリシア語で「エレンコス」と言う——全体の特質については節を改めて論じることにするが、さしあたって弁論術の悪用可能性と弁論家の責任の有無をめぐるゴルギアスの主張に対する論駁の骨格を示せば、左のごとくである。

なお、ゴルギアス自身にとっての力点は、弁論術の教師としての弁論家に責任はないことの主張のほうにあると思われるが、ソクラテスによる論駁は、その主張の前提になっている弟子による悪用可能性そのものを否定することに向けられている——当然ながら、弟子が悪用しないなら、教師がその責任を問われることもない——ので、以下の分析では悪用可能性の主張から出発することにしよう。

エレンコス1(6)（E1）

G：弁論家から弁論術を学んだ弟子がそれを悪用する（正しく用いない）場合がありうる。（ゴルギアスの主張）

［ソクラテスによる論駁開始］

p：弁論家は「正しいこと」と「不正なこと」を知っている。

q：弁論家は弟子に「正しいこと」と「不正なこと」を教える。

r：Fに関することを学んだ人間は、Fをそなえた人間になる。

（F＝大工術、音楽術、医術など）

s：（Fに「正しいこと」を代入）

「正しいこと」を学んだ人間は「正しい人」になる。

t：「正しい人」は「正しいこと」を行う(7)。

以上から、

u：Gの否定、すなわち「弁論術を学んだ弟子がそれを悪用することはない」が帰結する。

以上でゴルギアスの負けは明らかになったわけであるが、この第一幕全体を通じて浮かび上がるゴルギアスの人柄は決してネガティヴなものではない。いささか自信過剰で、その割に知的な鋭さには欠けるという印象ではあるが、あとに続く二人のように冷笑的な態度をとったり投げやりになったりすることもない。加来彰俊氏も指摘するように（例えば、加来（訳）一九七四、三四二―三四三頁）、終始、誠実かつ温厚にソクラテスの問いかけに応じている姿は、さすが大家といったところであろうか。そのかぎりにおいて、本篇におけるゴルギアスは『メノン』での間接的な情報（九五C一―四）が与えるシニカルなイメージとはかなり趣きが異なると言ってよいであろう。

(3)第二幕　ポロス対ソクラテス（四六一B三―四八一B五）

師匠の仇を討つべく、いささか突っかかり気味にポロスが話に割って入るところから、論争の第二ラウンドが始まる。冒頭にも述べたように、カリクレスが対話相手を務める第三幕が本篇のクライマックスをなすことは確かであるが、ポロスとソクラテスが対決するこの第二幕も、両者の本音のぶつかり合いと根本的な問題提起に富み、内容的に見て第三幕に劣らぬ重要性を有している。まず、その起伏に富む議論全体の見通しをよくするために分節すれば、左のとおりである。

(a)「迎合」としての弁論術――「熟練」と「技術」の別について
(b)「力がある」ことの内実――「恣意」と「真の欲求」の別について
(c)価値の三分と行為の目的
(d)不正と幸福の両立可能性について
(e)ポロス論駁(1)――「不正を加えられること」のほうが「不正を加えること」よりも悪いという主張の論駁
(f)ポロス論駁(2)――「罰を受けること」のほうが「罰を受けないこと」よりも悪いという主張の論駁
(g)幸福度ランキング

(a)「迎合」としての弁論術――「熟練」と「技術」の別について

ポロスは、まずゴルギアスの敗因を指摘し、彼の目には誘導尋問とも見えるソクラテスの議論の進め方に異論を唱えた上で、弁論術についてのソクラテスの見解を質(ただ)す。それに対して、ソクラテスは、弁論術は原因についての理解に基づいて「最善」を志向する技術ではまったくなく、経験に基づいて人々に「快楽」をもたらすことに長(た)けた熟練、すなわち「迎合」の一種にすぎないとする。そして、魂と身体のそれぞれについて、技術と似非(えせ)技術としての迎合のセットを二つずつ挙げる（第二幕の訳註＊17の図を参照）。

(b)「力があること」の内実――「恣意」と「真の欲求」の別について

弁論術を「迎合」の一種とみなすソクラテスの否定的な評価にとうてい承服できないポロスは、弁論家たちがそれぞれの国の中で声望を有し、大きな権力をふるっているという事実に訴える。それに対して、ソクラテスは「力がある」とはどういう事態を指すのかを問い、自分の思いどおりにふるまう「恣意」と「真の欲求」、「本当に欲していること(boulesthai)」の別を導入して、後者を実現できるのが「力がある」ことであり、それは分別を欠いた状態で好き勝手にふるまうことではない、と主張する。

(c)価値の三分と行為の目的

さらにソクラテスは、(b)で導入した恣意と真の欲求の区別を明確化するために、物事の価値を三つ――①「善いもの」、②「悪いもの」、③「（それ自体としては）善くも悪くもないもの」――に分類した上で、行為の目的は真の欲求の対象である自体的に「善いもの」であることを指摘する。そして、ポロスが権力の象徴として挙げる行為――処刑したり、財産を没収したり、国外に追放したりすること――は、それ自体として善いものではなく、あくまでも手段的な価値をもつにすぎないとする。したがって、それらの行為が実は本人にとって悪いものである時には「力がある」ことの証左にはならないことを強調する。

(d)不正と幸福の両立可能性について

ソクラテスに反論することができなかったポロスは、皮肉たっぷりに、自分の思うがままにふるまえるのがうらやましくはないのかとソクラテスに尋ねるが、それに対してソクラテスは、そうしたふるまいが正義にかなったものなのか、そうでないのかを問う。そして、ソクラテスは、その区別を度外視するポロスをたしなめ、「不正を加えること」こそが最大の悪にほかならないことを主張する。その主張に対して、ポロスはマケドニアの僭主アルケラオスの例を持ち出して、不正と幸福の両立可能性を主張する。

この両立可能性をめぐる両者の論争で一つ重要な点を指摘すれば、ここでは「不正とは何か」という定義レヴェルでの問いが立てられることはなく、ソクラテスとポロスのあいだでは「不正」と呼ばれる行為についての共通の理解が前提されているように見えることである。(8)両者は、その共通理解の上に立って、不正を「加えること」と「加えられること」の倫理的優劣を問題にしているのである。では、その共通理解の中身はどのようなものであろうか。

そのヒントは、ポロスが持ち出した不正もしくは悪の権化とも言うべきアルケラオスの所業についての彼の報告のうちにある。すなわち、アルケラオスが犯した不正もしくは悪行として、以下の三つが報告されている。

①そもそも正統な王位継承者でないのに王位を簒奪したこと。
②嘘をついて騙したこと（王位を返還するという嘘と、自分でその息子を殺しておきながら、母親には事故死だと報告した嘘）。
③無実の人間を殺したこと（本来の主人である伯父と従兄弟を殺したこと、王位継承者の七歳児を殺したこと）。

この三点の所業が「不正」な所業に該当することについては、両者ともに認めていると思われる。その共通理解に立ちながら、ポロスはそれでもなお、人（例えばアルケラオス）は幸福でありうることを主張し、ソクラテスはそれを否定するのである。この不正の内実に関する共通理解がどこまで及ぶものなのかについては、次節で改めて取り上げることにしたい。

(e)ポロス論駁(1)――「不正を加えられること」のほうが「不正を加えること」よりも悪いという主張の論駁

ソクラテスは、不正と幸福の両立可能性をめぐる両者の対立の根底に潜む「不正を加えること」と「不正を加えられること」の倫理的優劣という本篇の核心をなす問題に切り込む前に、あらかじめポロスが考える弁論家流の論駁法とみずからが奉じる論駁法を対比して、その違いに注意を促す。すなわち、前者が大勢の有力な証人をかき集め、数と権威の力で相手方を圧倒しようとするのに対して、ソクラテスのほうは一対一の問答を通じて相手を納得させるものであることを強調する。その上で論駁に着手するが、その論駁のターゲットは「不正を加えられること」のほうが「不正を加えること」よりも悪いとするポロスの主張である。対するソクラテスの主張は、これとは逆に「不正を加えること」のほうが「不正を加えられること」よりも悪い、というものである。本篇で遂行される論駁の中でも特に有名なこの論駁の構造を分節すれば、以下のとおりである。

エレンコス2（E2）

P1：「不正を加えられること」のほうが「不正を加えること」よりも悪い。（ポロスの主張①）

［ソクラテスによる論駁開始］

P2：「不正を加えること」のほうが「不正を加えられること」よりも醜い。（ポロスの主張②）

q：「美しいもの」は、それがもたらす有益さか、快楽か、あるいはその両方のゆえに美しい。

r：「醜いもの」は、苦痛か、悪さか（あるいはその両方）のゆえに醜い。

s：「不正を加えること」のほうが「不正を加えられること」よりも醜いとすれば、苦痛もしくは悪さ、あるいは両方で上まわっているがゆえに醜い。

t：しかるに、「不正を加えること」が「不正を加えられること」よりも苦痛で上まわることもなければ、両方で上まわることもない。

u：（以上から）「不正を加えること」のほうが「不正を加えられること」よりも悪さで上まわっているゆえに、より醜い。

すなわち、P1の否定：「不正を加えること」のほうが「不正を加えられること」よりも悪い、が帰結する。

この論駁にも多くの問題点が含まれるが[9]、その検討は次節にまわして、次の争点に進むことにしたい。

(f)ポロス論駁(2)――「罰を受けること」のほうが「罰を受けないこと」よりも悪いという主張の論駁

次に問われるのは、不正を犯してしまったあとで裁きを受けて「罰を受けること」と、うまく立ちまわって「罰を受けないこと」のどちらが幸福か、という問題である。当然ながら、ポロスは罰を受ける者のほうが不幸で、罰をうまく免れる者のほうが幸福だとする立場であり、ソクラテスの立場はその逆である。ここでのソクラテスの論駁はいささか錯綜しているので、本筋が見えやすいように若干単純化して示せば、以下のとおりである。

エレンコス3（E3）

P3：不正を犯して「罰を受けること」（懲らしめられ矯正されること）は「最大の悪」である。（ポロスの主張）

［ソクラテスによる論駁開始］

q：「作用を受けるもの」は「作用を加えるもの」が与える作用と同様の性質を帯びたものになる。

r：「罰を受けること」は「作用を受ける」ことである。

s：「罰する者」（懲らしめる者）は「正しいこと」を行う。

t：「罰を受ける者」は「正しいこと」をこうむる。

u：「正しい」ことは「美しい」。

v：「美しい」ことは「善い」。

w：「罰を受ける者」は「善いこと」、すなわち「利益」をもたらされる。

x：「利益」とは「最大の悪」としての魂の悪い状態（悪徳）から解放されることである。

y：（以上から）「罰を受けること」は「最大の悪」からの解放である（P3の否定）、が帰結する。

(g) 幸福度ランキング

以上の論駁の結果を踏まえて、ソクラテスはポロスとともに病気と健康の回復との類比を用いながら、いわば幸福度のランクづけを行うが、そのランキングは以下のとおりである。

第1位　もともと魂の中に悪（不正など）をもたない者

第2位　罰を受けて、不正から解放された者

第3位　罰を逃れ、不正を抱えたまま解放されていない者

そして、ソクラテスは、このランクづけを基に、弁論術の用い方について逆説的な提案をする。その提案とは、自分自身や身内の者が不正を犯した場合には、それを告発して罰を受けて不正から解放されるために用いるべきであり、逆に誰かに害を加えたい場合には、その者が罰を受けて不正から解放されることがないようにするために用いるべきである、というものである[10]。

はたしてポロスが心底からソクラテスの議論に納得したかどうかは定かでないが、当初の態度に比べるとすっかり素直になったように見えるのは確かであり、あるいはそこにソクラテスによる論駁の「浄化作用」[11]を認めることもできるかもしれない。しかし、このような円満な結着に我慢がならないのがカリクレスである。

そこで、いよいよこの対話篇のもう一人の主役とも言うべきカリクレスが土俵に上がることになるが、その前に若干、第二幕から窺えるポロスの人となりについて考えてみたい。

次の第三幕で見るように、ソクラテスはカリクレスの率直さを賞賛しているが、ポロスに

対しては特にそのような言及はない。しかし、アルケラオスを持ち出して、正しかろうが正しくなかろうが、皆、内心ではうらやましいと思っているではないか、というポロスの発言はソクラテスにはたしなめられるものの、本音をきわめて率直に吐露したものとも言えるであろう。また、知的能力に関しても、ゴルギアスの敗因を的確に指摘している点から見て、それほどカリクレスに劣るようには見えない。もし「劣る」とすれば、羞恥心もしくは世間体を憚(はばか)る気持ちがカリクレスよりも強い点を挙げることができるかもしれないが、ポロスが「不正を加えることのほうが、加えられることよりも醜い」という主張を受け入れたのが本心からでなかったかどうかは微妙に思われる。この点についても、次節で取り上げることにしたい。

(4)第三幕　カリクレス対ソクラテス（四八一B六―五二二E八）

いよいよお待ちかね、真打ちカリクレスの登板である。この最強の挑戦者とソクラテスの対決の盛りだくさんな内容を分節すれば、以下のとおり。

(a)カリクレスのソクラテス批判
(b)ノモス（法と道徳）とピュシス（自然）――「自然の正義」と平等主義批判
(c)哲学批判と実践的生の勧め
(d)実りある対話成立の三要件

(e)「強者」の概念
(f)カリクレスによる節制批判とウルトラ快楽主義
(g)ソクラテスによる二つの喩え話
(h)善と快の同一性テーゼに対する二種の論駁
(i)カリクレスの豹変——「善い快楽」と「悪い快楽」の別の承認
(j)行為の目的としての善と快——再び「技術」と「熟練」の相違について
(k)大衆向けの弁論術としての芸術に対する批判
(l)迎合政治批判と「真の意味における政治」
(m)秩序の美と魂の徳
(n)「鉄と鋼の論理」と無知の自覚の表明

(a)カリクレスのソクラテス批判

カリクレスは、カイレポンにソクラテスが本気かどうかを尋ね、本気だとすれば世の中は逆立ちしていることになる、という注目すべき発言をしている。この発言は、カリクレスがそれまでの議論の流れを正確に把握していることを示すとともに、ソクラテスの価値観が、まさに世の通念の転倒、「価値観の逆転」というラディカルさを有するものであることを意味している。それに対して、カリクレス自身も平等主義的価値観の転換を図ろうとしているのであり、そのかぎりにおいて、両者はベクトルの向きは異なるものの、そのラディカルさにおいては共通しているとみることもできよう。はたして両者のラディカリズムは、どのように切り結ぶのであろうか。

カリクレスは、ポロスの敗因は本音を言うのをためらって「不正を加えることのほうが不正を加えられることよりも醜い」という主張を認めてしまったことにあるとした上で、ノモス（法と道徳）とピュシス（自然）という対立概念を導入し、先の主張はあくまでもノモスの上での話であることを強調する。そして、ソクラテスは、このノモスとピュシスの背反を巧みに利用して議論をすり替えることによって相手を矛盾に追い込んでいるのだ、と指弾する。なお、あまり目立たないが、この第三幕冒頭でのカリクレスのソクラテス批判の中で注目すべき点が一つある。

それは、カリクレスがソクラテス非難の中で、「大衆相手の演説家（dēmēgoros）」、「大衆相手のようにまくしたてる（dēmēgoreis）」、「大衆受けしそうなこと（dēmēgorika）」など、「民衆」もしくは「大衆」を表すギリシア語 dēmos を含む否定的なニュアンスの単語を繰り返していることである。実は、それに先立つ場面で、ソクラテスはカリクレスと自分の共通点はともに二つのものを愛していることだと述べ、カリクレスが愛する二つのものとして、デーモス、すなわち「民衆」（大衆）と、美少年のデーモスを挙げているが、仮にソクラテスの観察が正しいとすれば、カリクレスは民衆もしくは大衆としてのデーモスを一方で愛しつつ、他方では馬鹿にしていることになり、この段階で早くも無意識のうちに自分自身と不協和音を発していることになる。

このような用語の使い方一つにも、われわれは著者プラトンの周到な仕掛けを見出すことができるかもしれない。少し先走りして言えば、カリクレスが抱えているこうした自己矛盾もしくは自我の軋みとでもいったものは、その平等主義批判にも通底しているのである。

(b)ノモス（法と道徳）とピュシス（自然）——「自然の正義」と平等主義批判

ノモスとピュシスの対概念を利用して自説を展開すること自体は、カリクレスの専売特許ではない。同時代人と目されるソフィストのアンティポンやヒッピアスにも見られるが、それが与えるインパクトの強烈さという点ではカリクレスのそれに及ばない。

カリクレスによれば、自然本来の姿においては「不正を加えられること」のほうが「不正を加えること」よりも悪く醜いのであり、ノモスの上でのみ、その逆だとされるにすぎない。しかるに、そうしたノモスを作るのは弱くて凡庸な大衆にほかならず、彼らは自分たちの取り分が減らないように、他人よりも多く所有しようと欲すること（プレオネクシア）を不正だとして非難し、平等を賛美するのだとされる。このように平等の理念を弱者のルサンチマンに還元する暴露心理学的手法は、訳註でも言及した『国家』第二巻冒頭の「グラウコンの挑戦」にも見られるが、プラトンの発明というよりは、当時かなり一般化していた思考法だった可能性が高いと思われる。

平等の理念に対抗してカリクレスが持ち出すのが、自然そのものが明らかにしている正義、すなわち「より強い者がより弱い者を支配し、より多く所有すること」である。その正当化の論拠としてカリクレスは人間以外の動物の世界と国際政治を挙げ、後者についてはクセルクセスやその父ダレイオスによる侵略を例にとって、それが「自然の法（ノモス）」にかなったものであることを強調する。そして、現状では、そのような「最も優れていて活力に溢れた者たち」は幼時から飼い慣らされてしまっているが、いつの日にかスーパーマン的な「十分な自然的素質をもった男」が出現するなら、あらゆる束縛を振り払って主人として君臨し、その時にこそ「自然の正義」が燦然と輝き出ることだろう、という期待を熱っぽく語る。

以上に見た箇所で、カリクレスは「デーモス」（民衆）という単語は用いず、「ホイ・ポロイ」（文字どおりには、多くの人間、大衆）という単語を使っているが、ここで展開される露骨なまでの平等主義批判が反デーモス的であることは明白であり、われわれはここにも——あくまでもソクラテスの観察が正しいとしてであるが——カリクレスの「不協和音」を認めることができるであろう。

(c)哲学批判と実践的生の勧め

かくも勇ましい「自然の正義」の主張に続くのは、哲学批判である。とはいえ、カリクレスの意図は、哲学を全否定することではなく、そのやりすぎを批判することにある。すなわち、カリクレスによれば、青少年が哲学を学ぶのは自由人にふさわしく喜ばしいことであるが、大人になってものめり込んでいると世間知らずの役立たずになってしまうのが落ちなのである。カリクレスが「哲学」という言葉で何を意味しているのかは必ずしも明確にされていないが、基本的にはソクラテスたちが日頃から勤しんでいる〈いかに生きるべきか〉をめぐる倫理学的探求と見てよいであろう。カリクレスからすれば、男子たる者は少数の若者相手に社会の片隅（ゼミ室？）で〈いかに生きるべきか〉を理論的に探求し続けるのはすっぱりやめて、現実政治のただなかに身を投じ、実践的生をこそ生きるべきなのである。

ただし、ここで注意しなければならないのは、『ソクラテスの弁明』での発言から見て、政治参加に消極的という点に関してはソクラテスにあてはまるものの、社会の「片隅」で云々という非難はあてはまらないことである。なぜなら、ソクラテスは「国の中心である広場（アゴラ）」を避けるどころか、毎日のようにアゴラに顔を出し、人々をつかまえては問答するのを日課としていたとされるからである。では、誰にあてはまるのか――この点については、最後に著者プラトンに触れるところで改めて考えてみることにしたい。

(d)実りある対話成立の三要件

ポロスの話を上まわるカリクレスの長い演説を聞いたソクラテスは、今回は長広舌を咎めるどころか、思いがけない幸運に恵まれたと語り、願ってもない対話相手に恵まれたことを喜ぶ。ソクラテスによれば、カリクレスは実りある対話が成立するために不可欠な三つの要件、すなわち「知識」と「好意」と「率直さ」のすべてを兼ねそなえており、カリクレスのお墨付きを得ることができれば、自説が真理であることを確かめられる、とまで言う。はたしてこのソクラテスの賛辞を額面どおりに受け取れるかどうかについては疑問なしとしないが、少なくともポロスに対する態度とだいぶ違うことは確かであろう。ポロスについて、ソクラテスはここでゴルギアスと並べて率直さの不足と羞恥心の過剰を指摘しているが、先にも述べたように、ポロス自身はかなりあけすけに本音を吐露しているとみなすこともできるのではないだろうか。むしろ、ソクラテスの発言とは裏腹に、ポロスに欠けているのはソクラテスに対する好意であるように思われる。

(e)「強者」の概念

ソクラテスは、ひとしきりカリクレスに対する賛辞を述べてから、まずはカリクレスがピンダロスを援用して説く「自然に則した正義」のキーワードである「より強い者」が何を意味しているのか、その内実を問う。そして、カリクレスによれば法と道徳の制定者とされる大衆が、実は一個人よりも自然本性的に強者であり、したがって彼らが奉ずる平等の理念と不正を加えるほうが醜いとする道徳もまた自然に則した正義であることになる、という帰結を突きつける。

足下をすくわれた感のあるカリクレスは人格攻撃に転じ、ソクラテスのやり方を揚げ足取りだとして非難するとともに、大衆を奴隷呼ばわりしてその結論を拒否する。しかし、ソクラテスに重ねて問われると、再び曖昧な言い換えに終始し、ソクラテスに批判される。が、そこでソクラテスは、カリクレスが言いたいのは「より思慮に富む者たち」のことではないかと助け舟を出し、カリクレスはそれに飛びつく。それを受けて、ソクラテスはさまざまな業種における「思慮に富む者たち」、すなわち専門家の例を挙げ、故意に曲解・誇張した喩えでカリクレスを苛立たせる。この間の両者のやり取りは、カリクレスにとっては腹立たしいだけだったかもしれないが、本篇の中でも最もユーモラスで面白おかしい部分であり、これまたプラトンの非凡さを感じさせるものである。

ソクラテスが持ち出す突拍子もない例にうんざりしつつも、カリクレスは自分が言う強者とは「国政に関わる事柄に関して思慮に富むとともに勇敢な者たち」のことであり、まさにそのような者たちがそれ以外の者たちを支配し、より多くのものを所有することこそが正義であると主張する。

(f)カリクレスによる節制批判とウルトラ快楽主義

ここでソクラテスは「支配」の意味を問い、それが他人にのみ適用されるのか、それとも自分自身を支配する必要もあるのか、と尋ねる。そして、その真意を問うカリクレスに対して「自分の中にあるさまざまな快楽と欲望を支配している者」のことだと答えるが、カリクレスはその答えを一蹴し、節制とは正反対に、さまざまな欲望をできるだけ肥大化させて満たすことこそが、まさに「自然に則した美しく正義にかなったこと」にほかならない、と力説する。このカリクレスのウルトラ快楽主義に対して、ソクラテスは二つの喩え話をもって節度ある生活の優位を説こうと試みる。

(g)ソクラテスによる二つの喩え話

第一の喩え話と第二のそれとでは、道具立ては多少異なるものの、そのメッセージは基本的に同じと考えてよいであろう。すなわち、瑕のない甕と罅割れて中身が漏れてしまう甕があり、前者は満たされているので何の苦労も心配も要らないのに対して、後者は常に補給し続けなければならないために苦痛に満ちた生活を送ることになる、というものである。後者の生活の描写は、終幕の死後の裁きの中で言及されるタンタロスやシーシュポスが味わう苦しみ——永遠に繰り返させられる徒労——と呼応しているとも見られる。

(h)善と快の同一性テーゼに対する二種の論駁

極端な快楽主義を公言するカリクレスに対して、ソクラテスはまず空腹や渇きといった欠乏充足の快の例を挙げるが、続けて、より滑稽な例——かゆいところをかき続ける——や、より淫靡な例——男娼——を持ち出して、「快いもの」と「善いもの」は同じであるというテーゼに揺さぶりをかける。これに対して、カリクレスはソクラテスのやり方を非難しつつも論理的一貫性を守るためにあえて同一性を肯定し、その頑なな態度を前にして、ソクラテスは同一性テーゼの論駁に取りかかる。対話の中断を挟んで二種の論駁が行われるが、まず最初の論駁を簡略化して整理すれば、以下のとおりである。

エレンコス4-1（E4-1）

K：「快いもの」と「善いもの」は同じである。（カリクレスの主張）

［ソクラテスによる論駁開始］

p：「善い状態」（具合がよい）と「悪い状態」（具合が悪い）は反対の状態である。

q：健康と病気の関係と同様、反対の状態が同時に現前することはなく、交互に入れ替わる。

r：善いことと幸福の組み合わせと、その反対である悪いことと不幸の組み合わせも交互に入れ替わる（つまり、善いことと悪いこと、幸福と不幸が同時に現前することはない）。

s：したがって、同時に現前する二つの状態は、善いものと悪いもの（もしくは幸福と不幸）ではありえない。

t：空腹もしくは喉の渇きは苦しいが、空腹もしくは渇きを満たすのは快い。

u：（tより）苦痛を感じながら（同時に）喜び（＝快）を覚えることは可能である。

v：以上より、喜び（快）を覚えることが善い状態なのでもなければ、苦痛を感じることが悪い状態なのでもない。

w：「快いもの」と「善いもの」[13]は別のものである。

ここに至って、旗色が悪くなったカリクレスはソクラテスの議論についていけないふりをしてはぐらかそうと試みるが、ゴルギアスにたしなめられて、しぶしぶ対話の再開に応じることになる。そこで、ソクラテスは二番目の論駁を試みる。その骨子は、以下のとおりである。

エレンコス4-2（E4-2）

K：「快いもの」と「善いもの」は同じである。

［ソクラテスによる論駁開始］

p：善い人には善いものが現にそなわっているので善い。

q：勇敢な者は善い[14]。

r：敵が退却していく時には、臆病な者のほうが余計に喜ぶ。

s：敵が攻めてくる時には、臆病な者たちのほうが余計に苦しむ。

t：臆病な者は悪い。

u：喜んでいる者には善いもの、すなわち快楽が現にそなわっている。

v：喜んでいる者は善い。

w：苦痛を感じている者には悪いもの、すなわち苦痛が現にそなわっている。

x：苦痛を感じている者は悪い。

臆病な者は勇敢な者より余計に喜び、苦しむ。

y：悪い者（＝臆病な者）のほうが（余計に喜ぶので）いっそう善い[15]。

(i)カリクレスの豹変——「善い快楽」と「悪い快楽」の別の承認

善と快の同一性テーゼに対する二度にわたるソクラテスの論駁によって追い込まれたカリクレスは、一転してテーゼは冗談であり、快楽には「より善い快楽」と「より悪い快楽」があるとするのが自分本来の立場である、と主張する。この豹変ぶりにソクラテスは「君に故意に騙されることになるなんて夢にも思わなかった」(四九九C二―三)と嘆くが、はたしてここでカリクレスが単に苦し紛れに譲歩したにすぎないのかどうかは問うに値すると思われる。というのも、必ずしもそうとは言いきれない点もあるように思われるからである。それは、第一幕でゴルギアスとソクラテスの対話が一度中断した際に、カリクレスは「今ほど楽しい思いをしたことがあるかどうか分からない」(四五八D二―三)と述べ、カイレポンに劣らず対話の続行を熱望していたという点である。第一幕の訳註*25でも述べたように、用いられている動詞はhēdonēの派生形であり、このことはオリュンピオドーロス(四九五頃―五七〇年頃)の解釈が表面的であって、カリクレスが好む快楽が飲み食いの快楽だけではないことを明確に示しているように思われる。そのことに本人が気づいていないだけなのかもしれない。ただし、ソクラテスの節制の勧めに対する反発からか、その後の議論の中で過剰なまでに肉体的な快楽の充足を強調した点で、誤解を招いた責任は本人にあると言えるかもしれないが。また、哲学しすぎてはいけないと言いながら、曲折を経ながらも結果的に最後までソクラテスの議論に付き合っているところを見ると、カリクレスは実は哲学好きである可能性が高く、ここにもそのロゴス（言説）とエルゴン（実際のふるまい）の不協和音を認めることができるかもしれない。

(j)行為の目的としての善と快——再び「技術」と「熟練」の相違について

ソクラテスは気を取り直すと、カリクレスが認めた「善い快楽」と「悪い快楽」の別を土台にして、今一度、本物の技術と似非技術である熟練の違いを明確にすることに着手する。ソクラテスは、快楽の善し悪しを見分けるのは専門家の仕事であることについてカリクレスの同意を取りつけた上で、その識別能力のない料理術は単なる熟練にすぎず、その能力のある医術は技術であることを確認する。また、医術はその患者の体質と治療を必要とする病因についても理論的説明を与えることができるのに対して、料理術は快楽の本性についても原因についても何の理論的な根拠づけもなく、ひたすら記憶と勘に頼って快楽を提供するだけだとする。そして、この医術と料理術の対比はそれ以外の技術と熟練にもあてはまるものであり、後者はすべて快楽を提供するだけの迎合にほかならないことを再度強調する。

(k)大衆向けの弁論術としての芸術に対する批判

続けてソクラテスは、その善し悪しにかかわらず快楽を提供することを目指す迎合の中には一度に大勢を相手にするものもあるとして、まず芸術を取り上げる。芸術の例として笛やキタラを演奏する術や、合唱隊の指導、またディティュランボスの創作などが挙げられたあと、芸術の中でも最も荘重な悲劇が取り上げられるが、悲劇も観客を喜ばせることだけが目当てであり、これまた迎合であるとされる。そして、創作術（芸術）全般が一種の大衆向けの演説であり、作家たちは劇場の中で弁論の術をふるっているのだ、と結論される。

ここに見られる芸術、特に悲劇批判は、のちの『国家』において魂の三部分説を導入して行われる、より精緻な批判と少なくとも方向性においては基本的に同じと見てよいであろう。

(1)迎合政治批判と「真の意味における政治」

芸術の次にソクラテスが批判の俎上に載せるのが、民衆全般を相手とする弁論術とアテナイの現実政治である。弁論術の威力をめぐってのゴルギアスとのやり取りにおけるのと同様、ここでも弁論家と政治家は同一視されており、テミストクレスからペリクレスに至る歴代の高名な政治指導者たちがソクラテスによって批判され、カリクレスの反発を買うことになる。

この部分の議論の構成は一種の入れ子構造になっており、政治批判はいわば外枠をなし、その内側に魂の徳をめぐる議論が政治批判の基礎論として挿入される形になっている。そのために全体の見通しが悪くなっているように思われるので、真ん中の魂論は飛ばして先に政治批判全体について見れば、以下のとおりである。

ソクラテスの批判の要諦は、要するにテミストクレス以来の指導者たちは国民の欲望を満たすことだけしか念頭になく、国民を優れた者にするどころか、その逆である、という主張にある。その証拠としてソクラテスが挙げるのは、キモン、テミストクレス、ミルティアデス、ペリクレスたちが、いずれも国民によって陶片追放にされたり命まで落としそうになったりした事例であるが、この点については国民のほうに責任がある可能性もあり、それほど説得的な論拠とは言えないかもしれない。とはいえ、ソクラテスが指摘するように、「ばらまき福祉」とも言うべき俸給制の導入や市壁や造船所などの大規模な「箱もの」の建設にばかり目が行って、国民の徳性向上が疎かになった可能性は残るであろう。

歴史的に見て興味深いのは、本作品で展開される以上の現実政治批判がイタリア・ルネサンス期に改めて論争の火種になったことである。ゲオルギオス・トラペズンティオス（一四〇〇／〇五―七二年）は、その苛烈なプラトン批判（罵倒？）の書『アリストテレスとプラトン、両哲学者の比較』の中で（第三巻「四人のギリシアの救世主に対するプラトンの妬みと悪意」）この点も取り上げ、上記の指導者たちを賞賛して、プラトンを論難している。それに対して、枢機卿ベッサリオン（一四〇三頃―七二年）は『プラトン批判者論駁』の中で（四・八・一―二）、プラトンは将軍としてのかれらの功績は認めているのであって、その批判はあくまでも彼らが有益さを目的としてではなく、快楽を目的として政治を行った点に向けられたものだ、としてプラトンを支持している。

さて、国民のご機嫌取りに終始する政治に対して、ソクラテスは「最も快いもの」ではなく「最も善いもの」の実現を目指す「真の意味における政治」を対置し、ソクラテスにはめずらしく、自分と少数のアテナイ人だけがそれを実践している、と豪語する。その「最も善いもの」とは、つまるところ魂の徳であるが、どのようにすればそれがそなわるのかを論じるのが、入れ子の部分における議論なのである。

(m)秩序の美と魂の徳

ここでわれわれは入れ子に相当する部分に戻ることになるが、現実政治批判の枠組みの中で、この部分の議論はその基礎論をなしていると見ることができよう。

その基本的内容は、どうすれば各個人は魂の徳を身につけて善い人間になることができるか、という個人レヴェルでの徳論であるが、それがそのまま国のあるべき姿についての議論に適用されていることに注目すれば、われわれはここに、のちの『国家』において、より敷衍した形で展開される個人と国家の相似に基づく議論の雛型を見ることもできるかもしれない。

では、どのようにすれば人は魂の徳を身につけることができるのであろうか。ここでソクラテスは職人たちの制作過程をモデルとして引き合いに出し、材料の選定から作品の完成に至るまでのあらゆる作業がその作品に「しかるべき構成と秩序」をもたらすことを目指して行われていると指摘し、それと同じことが個人の身体と魂にもあてはまるとする。すなわち、優れた作品と同様に秩序立てられた魂は節度をそなえた善い魂であり、それと反対の状態にある放埓な魂は悪いのである。ソクラテスによれば、節度のある者は正義、勇敢さ、敬虚も兼ねそなえた「完全に善い人」であり、そのような人間のあいだに初めて真の友愛と共同が成り立つが、その共同と友愛と秩序と節度は実は人間のみならず、天と地、神々と人間たちのすべてを統合しているとされる。そして、ソクラテスは、カリクレスが「他人より多くのものを所有すること」（プレオネクシア）を理想視するのは、幾何学の勉強をなおざりにしているために、万象を支配する幾何学的平等の存在に気づいていないからだ、と非難する。以上の結論を踏まえた上で、ソクラテスは二人の主張の対立点に立ち戻り、真に恥ずべきはさまざまな不正をこうむることではなく、不正を加えることであると改めて強調する。以上の個人の魂のあり方についての議論を基礎にして、すでに見た国政批判が展開されるわけだが、ここで一つ注目すべきソクラテスの発言がある。それは、どのようなものであろうか。

(n)「鉄と鋼の論理」と無知の自覚の表明

ソクラテスは不正を加えられることと加えることの倫理的優劣を再確認したあと、それまでの議論を振り返りつつ、次のように述べる。

以上の点については、もっと前のところ、先ほどの議論の中でも僕の主張どおりであることがわれわれの目に明らかになったのだが、それは――いささか粗野な言い方をすることが許されるなら――鉄と鋼のごとくに強固な論理によってしっかり捉えられ、固定されているのだ。少なくとも、そのように思われるのだがね。そして、それらの議論を君あるいは君以上に威勢のよい誰かが打ち破らないかぎり、僕が今主張しているのと別の主張をしたとしても、適切に語ることにはならないのだ。とはいうものの、この僕の言い分はいつも同じで、以上のことが本当のところどうなのかについて知っているわけではない。しかし、僕がお目にかかったことのある人間の誰一人として――ちょうど今のように――僕とは異なる主張をして笑い物にならずに済んだ者はいないのだ。だから、僕としては、ここでもまた以上のことはそのとおりだとしておこう。（五〇八E六―五〇九B一。傍線は訳者による）

初めて二つの傍線部を続けて目にした読者は、誰でも「おや？」と思うのではないだろうか。一方でソクラテスは自分の主張の真理の絶対性を宣言しているように見えるのに対して、他方では周知の「無知の自覚」を改めて繰り返しているように見えるからである。この二つの言明はどう整合するのだろうか、と読者が首をひねったとしても不思議はない。それを解くヒントは、ヴラストス他の解釈者たちが指摘するように、二つの言明のあいだとあとに付された論駁の可能性への言及にある。ソクラテスは、なるほど「鉄と鋼の論理」とは言っているが、それが将来も打ち破られる可能性が絶対にないと言っているわけではなく、少なくともこの時点まではなかったことを強調しているにすぎない。もちろん、カリクレスに対する最後の言葉から見ても、ソクラテスとしては将来も自分の主張が論破されることはないと確信しているであろうが、その確信は神ならぬ人間の可謬性の自覚と一体のものと見るべきであろう。そのかぎりにおいて『ソクラテスの弁明』で表明される知的謙虚さ（特に、二三A五―B四）は一貫していると見ることができるのではないだろうか。

以上、われわれはこの作品の中でも最も波瀾に富んだ展開を見せる第三幕について見てきたが、その中から浮かび上がるカリクレスのパーソナリティーはどのようなものであろうか。なるほど、議論の途中では形勢不利と見るととぼけたり、人格批判に転じたりして、必ずしも一〇〇パーセント誠実とは言い難いかもしれない。しかし、その欠点をも合わせて、この作品の中で最も生彩と魅力に富むキャラクターと言えるのではないだろうか。仮にカリクレスが実在の人物であったとすれば、プラトンがこの作品を執筆している時点では、一人ソクラテスのみならず、この人物のその後の運命もすでに明らかになっていたはずである。はたしてどのような運命が彼を待ち受けていたのか、不可能とは知りつつも、知りたく思うのである。

(5)エピローグ　死後の裁きについて（五二三A一―五二七E七）

カリクレスとの実質上の議論を終えたソクラテスは、最後に死後の裁きについての物語を語る。それは、カリクレスにはお伽噺（ミュートス）と思われるかもしれないが、ソクラテス自身は本当のこと（ロゴス）として物語るのだという。その内容は特に解説を必要とするような難しいものではないが、二点だけ、この物語の中で注目すべき点を指摘しておきたい。

その一つは、裁判が始まった当初は、裁く者も裁かれる者もともにまだ生きているあいだに衣服を着たまま裁いていたところ、誤審が多く生じたため、プルートーンたちの訴えをきっかけにして司法改革が行われ、ともに死んでから素っ裸で裁くことになった、とされている点である。これは、裁く者がさまざまなしがらみや先入見を背負い込んだまま、被告の地位や豪華な衣装に惑わされて判決に影響を及ぼすようなことがないようにするためであり、裁判の公正さを担保する措置と言えるであろう。言い換えれば、それによって裁き手は裁かれる者がどこの誰だかまったく知らずに裁くことになるわけであり、そのかぎりにおいて、それは「ブラインド審査」の先駆とみなすことができるかもしれない。われわれは後代の正義の女神像（ユスティティア（ギリシア名：ディケー））が目隠しをしているのをよく目にするが、発想においてそれを先取りするものと言えるかもしれない。

もう一点は、死後の裁きによって、不正を犯した者の中で治療可能な者と治療不可能な者の選別が行われ、後者は地獄の中で宙づりにされて「見せしめ」にされるというのであるが、はたして誰の役に立つのか、という疑問である。この疑問についてドッズは、生きている者は見ることができず、それを目にする死者には手遅れであることを指摘し、のちの『国家』や『パイドロス』で物語られる「もう一度生まれること（rebirth）」がすでにこの段階で暗に想定されている可能性を指摘している（Dodds (ed.), 381）。しかし、それがカリクレス相手の話の中で物語られていることからすれば、読者も含め、生きている者たちの想像力を刺激し、その恐ろしいイメージによって何らかの態度変更を促そうという意図を読み取ることも、あるいは可能かもしれない。それもまた一つのレトリックであろうか。

二　エレンコスの基底——エンドクサとコイナイ・エンノイアイ

『ゴルギアス』には詳しく論ずべき問題が多く含まれているように思われるが、ここではエレンコス（論駁）の問題に絞って論じることにしたい。周知のごとく、このエレンコスの解釈をめぐっては、ヴラストスの論考（Vlastos 1983; 1994）が発表されて以来、内外の一流の研究者によって多くの議論が重ねられてきた。しかし、ここでその論争史を網羅的にたどることはせず[16]、一つの限定された視点、すなわち、本篇におけるエレンコスを可能にしている共通の基盤は何なのか、という視点から、その特質に光をあてることに努めたいと思う。

すでに見てきたように、本篇においてソクラテスは、ゴルギアス、ポロス、カリクレスという独自の見解とパーソナリティーをもつ三人を相手としてエレンコスを実践し、その論理的帰結として、三人が奉じる基本テーゼの否定を導いている。このことは——相手がその結論に納得してそれを受け入れるかどうかは別にして——少なくとも両者のあいだに議論のやり取りが成立していることを物語っている。それはいかにして可能にされているのであろうか——以下、本篇で展開されるエレンコスの中でも最も有名かつ典型的なものを例にとって、この点について考えてみることにしたい。

それは、すでに見たポロスに対する第一の論駁、われわれの番号づけではE2である。ここでもう一度その構成を示せば、以下のとおりである。

エレンコス2（E2）

P1：「不正を加えられること」のほうが「不正を加えること」よりも悪い。（ポロスの主張①）

［ソクラテスによる論駁開始］

P2：「不正を加えること」のほうが「不正を加えられること」よりも醜い。（ポロスの主張②）

q：「美しいもの」は、それがもたらす有益さか、快楽か、あるいはその両方のゆえに美しい。

r：「醜いもの」は、苦痛か、悪さか（あるいはその両方）のゆえに醜い。

s：「不正を加えること」のほうが「不正を加えられること」よりも醜いとすれば、苦痛もしくは悪さ、あるいは両方で上まわっているがゆえに醜い。

t：しかるに、「不正を加えること」が「不正を加えられること」よりも苦痛で上まわることもなければ、両方で上まわることもない。

u：（以上から）「不正を加えること」のほうが「不正を加えられること」よりも悪さで上

まわっているゆえに、より醜い。

すなわち、P1の否定：「不正を加えること」のほうが「不正を加えられること」より
も悪い、が帰結する。

この論駁において、まず強調したいのは、先にも指摘したように、そもそも〈不正とは何か〉といった定義レヴェルでの問いが正面切って立てられることはなく、何が不正に該当するかについては、すでに両者のあいだで共通の理解が成り立っているということである。それは表立って言明されることはないが、ポロスがアルケラオスに関して不正であることを当然視している行為は、以下の三つであった。すなわち、

①そもそも正統な王位継承者でないのに王位を簒奪したこと。

②嘘をついて騙したこと（王位を返還するという嘘と、自分でその息子を殺しておきながら、母親には事故死だと報告した嘘）。

③無実の人間を殺したこと（本来の主人である伯父と従兄弟を殺したこと、王位継承者の七歳児を殺したこと）。

少なくともこの三つの所業が「不正」な所業に該当することについては、両者とも認めていると思われ、それを暗黙の前提として「不正を加えること」と「不正を加えられること」

のどちらがよいかが問われているのである。

実は、この暗黙の前提が成り立っていることについて注目されることはあまりなく、むしろ解釈者の関心はP2とqに向けられてきたと思われる。すなわち、ポロスとソクラテスの両者がP2に同意している根拠・基盤は何なのかを問うことや、qに見られる「美しいもの」の根拠についての二分法の正当性を問うことにあったように思われる。中でも重要なのはP2をめぐる合意成立の根拠についての問いであるが、それに対する一つの代表的な答えがエンドクサであり、まさにこの点をめぐって見解が対立してきたのである。

まずヴラストスはクセノポンのソクラテスと比較しつつ、プラトンのソクラテスがエンドクサに依拠して議論を展開することはないことを強調する[17](Vlastos 1994, 13-16)。これに対して、岩田靖夫は、ポロスに対する論駁の梃子となるP2がエンドクサに依拠していることを主張する。岩田によれば、ポロスがP2を否定しえなかった事実は「ポーロスは本性の声を圧殺しうるほどには腐敗していなかったのであり、この点で、真実への通路となる素朴さを保持していたということ」(岩田、七九頁)を証するものであり、ソクラテスはここに認められる「人間の根源的な倫理的現実」が「単にソクラテス個人の或いはポーロス個人の主観的確信ではなく、いわゆるエンドクサ(公共的現実)でもあることを指摘して(四七五D二)、この倫理的直覚の根源性普遍性に言及しているのである」(同書、三一一頁)とされる。

ここで興味深いのは、そのヴラストス批判にもかかわらず、以上の岩田の主張はヴラストスのエレンコス論の大前提として立てられている命題Aと内容的には通底するように見えることである。命題Aとは「ある誤った信念を抱いている者は誰でも、同時にその誤った信念の否定を含意する真なる諸信念を抱いている」というものであり、一個人が抱いている信念の表層と深層、自覚されている信念と自覚されないまま意識の底に埋もれたままになっている信念群の存在を示唆するものであるが（Vlastos 1994, 25）、それは岩田の言う「本性の声」あるいは「根源的な倫理的現実」という表現に対応するようにも見えるからである。

なお、アリストテレスの定義そのものが世間一般の通念という意味から識者の良識にまで及ぶ幅広さを含むものであるが、岩田もまたエンドクサ概念につきまとう「二つの面」を指摘して、次のように述べている。「「多くの人々の思い」には二つの面がある、と了解しなければならないのである。すなわち、それは人間性の醜い面と美しい面の両方を指し示しているのであり、われわれ普通の一般大衆の心性はこの両極の間を揺れ動いているのである」（岩田、一一〇頁）。

実は、このようなエンドクサ概念そのものに含まれる幅広さあるいは曖昧さが、エレンコスにおけるエンドクサの役割についての議論が錯綜する一因だと思われる。そこで注目したいのが、オリュンピオドーロスがその註釈の中で再三用いているコイナイ・エンノイアイ（共通観念）という用語である。

なるほど、オリュンピオドーロスもエンドクサという言葉を用いてはいるが、それは一箇所だけにすぎない(18)。それは第二九講の節制をめぐるやり取りについての註釈においてである。そこでは、自分自身を支配し、欲望を抑制する必要性を説くソクラテスにカリクレスが反論して極端な快楽主義を展開し、それに対してまたソクラテスが再反論を加えるのであるが、オリュンピオドーロスはカリクレスに対するソクラテスの再反論のうち三つがエンドクサに基づくとして、次のように述べている。

エンドクサのうち、最初のものは大衆の見解からとられ、二番目のものは詩人たちから、三番目のものはピュタゴラス派からとられている。(Norvin (ed.), 139-140)

その説明によれば、最初の「大衆の見解」というのは「何一つ必要としない者が至福である」という見解を、二番目の「詩人たちから」というのは引用されているエウリピデスの詩句を、三番目の「ピュタゴラス派から」というのは甕を用いた二つの比喩を指している。以上の三つすべてがエンドクサとされているが、一番目がアリストテレスの言う「大多数の者」の見解に相当し、二番目と三番目は「知者」もしくはその中でも「最も有名で評判の高い知者」におおよそ対応すると見ることも可能かもしれない。

いずれにせよ、オリュンピオドーロスはこの節制をめぐる議論の中でソクラテスがエンドクサに依拠して自説を主張しているとみなしていることになり、その点ではエンドクサ派(?)にとって有利な材料と言えるかもしれない。しかし、名詞としてのエンドクサが言及されているのはこの箇所だけであり、オリュンピオドーロスがそれほどこの概念を重視していたようには思えないのも確かである。
　それとは対照的に、「コイナイ・エンノイアイ」という術語はたびたび用いられているが、ここでは問題のE２に直接関わる第二一講における用例について見ることにしたい。講義の冒頭で、オリュンピオドーロスは、この講義で論じられるべきソクラテスの主張は二つあると述べる。すなわち、その第一は「不正を加えられるほうが不正を加えるよりも善いということ」であり、その第二は「不正を犯した者たちの中では、裁きを受けない者のほうが受ける者よりもはるかに不幸であるということ」であって、ともにポロスの主張を否定するものである。オリュンピオドーロスは、その論証が『アルキビアデス』で述べられた「正義にかなったこと」と「美しいこと」と「善いこと」の一致に基づくとした上で、次のように述べる。

　さて、ポロスはコイナイ・エンノイアイに従って、「正義にかなったこと」は「美しい」と述べるが、「美しいこと」は「善い」ということについてはもはや認めようとせず、その点について争うのである。他方、カリクレスは、いずれの主張も認めていない。(ibid., 104)

　この言葉からすると、ポロスが従っている「コイナイ・エンノイアイ」は「正義にかなったこと」と「美しいこと」の同一性までであり、まさにそれだからこそ、ポロスはＰ２は認めながらもP1を主張しているということになる。他方、カリクレスはどちらも認めていないとすると、ポロスが従っている「コイナイ・エンノイアイ」にそなわる共通性はカリクレスには及ばないことになり、「コイナイ」の看板に偽りありということになってしまいそうである。

しかし、その後の二人に対する論駁の結果、最終的には二人とも元の自分の主張が少なくとも論理的には否定されたことを認めざるをえなかったことからすれば、実は「コイナイ・エンノイアイ」は、「正義にかなったこと」、「美しいこと」、「善いこと」のいわば三位一体を包含するとともに、カリクレスをも巻き込む射程を有するものだと考えてもよさそうである。

実際、オリュンピオドーロスは、カリクレスの善と快の同一性テーゼに関しても、「もし君が、自分が何者であるかを悟り、コイナイ・エンノイアイに立ち返るなら(anadramēs)、その考えを捨てることができるだろう」とソクラテスに語らせている(Norvin (ed.), 147)。このことは、「コイナイ・エンノイアイ」についてもまた、必ずしも最初から当人の意識にのぼっているとは限らず、それが意識の奥底に埋もれたままになっている可能性を示唆するものであり、そのかぎりにおいては岩田の言う意味でのエンドクサと重なってきそうである。先に岩田のエンドクサ論とヴラストスのAの親縁性に言及したが、その点で興味深く思われるのは、オリュンピオドーロスの註釈の英訳者の一人であるタラントが序文で、まさにその点を示唆していることである。タラントによれば、共通観念（common notions）は、プラトン註解の歴史の早い時期にストア派から受け継がれ、プラトンの「想起」の対象、すなわちイデアと結びつけられてきた。その結びつきは『パイドン』における想起の扱いの中の観念という語を含む術語（enno-）によって促されたものである。興味深いのは、紀元六世紀にすでにオリュンピオドーロスがソクラテスのエレンコスに認識論的な基礎を与えていたことである。それは、対話相手の魂のうちに少なくとも潜在的には真理が宿っているものと想定し、ヴラストス（一九八三）と同じように、『ゴルギアス』に見られるような叙述の権威にそれを基礎づけることによってであった。（Jackson, Lycos, and Tarrant (tr.), 10）

さて、ここまでの話からすれば、ポロスとソクラテスによって共有されていると思われる「不正」の具体的事例についての了解は「コイナイ・エンノイアイ」に含まれるとは考えられていないように見えるが、しかし、この点についての理解の共有がなければ、そもそもP1もP2も空疎な命題になってしまわざるをえないであろう。事柄そのものからすれば、それも「コイナイ・エンノイアイ」に含めて当然ではないだろうか。

三　著者プラトンと執筆時期について

最後に、簡単に著者プラトンと本篇の執筆時期について触れておきたい。

著者について

プラトンについては多言を要さないであろうが、前四二七年にアテナイに生まれ、前三四七年に没している。先祖はソロンにつながるとも言われる名門の出で、やがては国家を率いる指導者になることを周囲から期待されていたと思われる。しかし、自伝もしくはプラトンをよく知る人物が書いたと思われる自伝的な『第七書簡』によれば、青年プラトンはソクラテスの刑死やその後の民主政の混乱を目の当たりにして、政治的実践への情熱を失ってしまったようである。のちに晩年になってから、唯一の現実政治へのアンガジュマンとも言うべき三度目のシケリア（シシリー）行きを敢行するものの惨憺たる失敗に終わり、哲人王の理念を実現する夢はあえなく潰えたのであった。

本書ではソクラテスとカリクレスのあいだで、哲学的探求の生を選ぶか、政治的実践の生を選ぶべきかで熱い論争が交わされるが、それは多くの解釈者も指摘するように、著者自身の内面の葛藤の表現にほかならないように思われる。先に、カリクレスによる哲学者批判の中の社会の「片隅」でという指摘はアゴラの哲学者ソクラテスにはあてはまらないことを述べたが、その箇所を執筆している時に著者プラトンの念頭にあったのは、まさに自分自身の姿だったのかもしれない。

しかし、本篇は〈哲学か、政治か〉という著者の葛藤を生々しく反映しつつも、全体として見れば、政治参加への思いを断ち切り、哲学の道を選び取る決意表明となっているように思えるのである。

執筆時期について

他の作品と同様、執筆時期については推測の域を出ないが、前節の最後に述べたことも勘案すれば、執筆活動のいわゆる初期の終わり頃、アカデメイア創設（前三八七年頃）の前後ではないかと思われる。ドッズは、さまざまな角度から総合的に執筆時期を推理した上で、一回目のシケリア訪問を挟んだ前三九〇年から三八八年のあいだもしくは前三八七年から三八五年のあいだを候補に挙げ、後者の可能性が高いと見ている(19)。訳者はそのどちらとは断じかねるが、いずれにしても、その五年くらいのあいだに書かれたのではないかと推測する。

註

（1）　カリクレスについては、実在した人物かどうかさえ分からず、本篇の中での発言内容やソクラテスによるその人物評から推測する他はない。おそらくは野心に満ちた気鋭の政治活動家で、一方では作品中で述べられる権力主義的志向をもちながら、他方では民衆と妥協しつつ身を処すことを余儀なくされているようであり、ソクラテスの言う「不協和音」を抱え込んだ存在と言えそうである。なお、カリクレスの実在性をめぐる諸家のこだわりについては、ネイルズの解説が興味深い（Nails, 75-77）。

（2）特に説明を必要としないであろうが、前四六九年にアテナイに生まれ、前三九九年に不敬神の廉で告発され、刑死した。裁判から刑死に至る過程での言行を記したプラトンの作品としては、『ソクラテスの弁明』、『クリトン』、『パイドン』がある。なお、クセノポンにも『ソクラテスの弁明』がある。

（3）ソクラテスの熱烈な崇拝者として知られ、プラトン『ソクラテスの弁明』（二〇E六—二一A七）では、デルポイに赴いて、ソクラテス以上の知者がいるかどうかを神託に問うたことが報告されている。

（4）前四八〇年頃にシケリア（現在のシシリー島）のレオンティノイに生まれたソフィストで、一説には一〇〇歳以上生きたとも伝えられる。弁論術の大家で、現存する作品に『パラメーデースの弁明』、『ヘレネ頌』、『無について』などがある。

（5）ポロスは、シケリアのアクラガス（現在のアグリジェント）出身の弁論家で、ゴルギアスの弟子。生没年は不明だが、その名前が「仔馬」も意味することにかけて、その若さを揶揄されていることから見ると（四六三E一—二）、カリクレスより年下と考えられる。

（6）次節でエレンコス全体を論ずるための便宜上、通し番号をふることにする。

（7）テクストでは、tに相当するテクストのあとに——テクスト上、不確定な部分もあるが——さらに「弁論術に通じた人間」＝「正しい人間」が不正を働こうと欲すること（boulesthai）はありえないことが主張されるが、悪用可能性の否定に限って言えば、実質上tまでで十分であろう。もちろん、第二幕でboulesthaiが重要な役割を果たすことになることからすれば、そのための地ならしと見ることはできるかもしれないが。

（8）田中伸司も同様の指摘をしている（田中伸司、第四章二一-二二）。また、訳者と方向は違うが、吉田雅章は「『国家』篇とは異なり、『ゴルギアス』の中には、テクスト上の言葉として「正義とは一体何か」という直截な問いは見当たらない」ことを指摘するとともに、「無論、今アルケラオスの行状として掲げられたようなことが、「不正であるかいなか」について、ソクラテスとポロスの両者の間に争点があるわけではない」とも述べている（吉田 一九九三b、二一一―二一二頁）。アーウィンもまた、"What is it?" question すなわち定義探求の不在を指摘している。ただし――徳目の定義に代えて――弁論術の定義が試みられ、ソクラテス自身が「日頃のためらいもなく」その定義を与えているとしている（Irwin (tr.), 6-7）。

（9）なお、ポロス論駁の不十分さを主張するヴラストス（Vlastos 1967）に対する批判としては、文献表にある田中享英、田中伸司（第四章二）両氏の論考を参照されたい。

（10）ここに見られる伝統倫理的な「敵・味方思考」の解釈については、第二幕の訳註＊47を参照。

（11）エレンコスがもたらすこの効果については、プラトン『ソフィスト』二三〇B四―D四を参照。

（12）アンティポンについては、Cf. Diels und Kranz (hrsg.), 87, B44. 解説としては、三嶋 二〇〇〇、一七―二一頁、納富、三五六―三六八頁を参照。ヒッピアスについては、特にプラトン『プロタゴラス』三三七C六―E二を参照。

（13）Kの中の「快いもの」と「善いもの」は無冠詞であり（四九五D四）、wの「快いもの」と「善いもの」には定冠詞がついているが（四九七A四―五）、前の箇所では具体例として「勇気」や「知識」が挙げられており、あとの箇所でも「喜びを覚えること」や「苦痛を感じること」という具体的な体験が挙げられていることから見て、冠詞の有無による意味の相違はないものと考えられる。

（14）簡略化のため、思慮の有無に関わる部分は省略する。

（15）もちろん、悪い者のほうが余計に苦しむ場合には「いっそう悪い」ということにもなるが、Kの帰結の背理性を示すには、yで十分である。

（16）この論争の総括としては、中畑 一九九四、一九九七を参照。

(17) アリストテレスによれば、エンドクサとは「すべての者に、あるいは大多数の者に、あるいは知者――その大多数あるいは最も有名で評判の高い知者――たちにそう思われること」を意味する(『トピカ』一〇〇b二一―二三)。なお、訳者とは問題設定は多少異なるかもしれないが、論駁に用いられる補助命題の真理性とエンドクサの関係についての中畑正志による精緻な分析(中畑 一九九七、七―一二頁)を参照。

(18) 形容詞形は、数回、例えば第四六講の中で endoxōn prosōpōn martyriās(高名な人々の証言)という形で用いられてはいるが(Norvin (ed.), 220)。

(19) Cf. Dodds (ed.), 26-27.

文献表

使用テクストおよび註釈書

Dodds, E. R. (ed.), *Plato: Gorgias*, A Revised Text with Introduction and Commentary, Oxford University Press, 1959.（本書の底本）

Burnet, John (ed.), *Platonis Opera III*, Oxford University Press, 1903.

Thompson, W. H. (ed.), *The Gorgias of Plato*, with English Notes, Introduction and Appendix, Whittaker, 1871.

田中美知太郎・加来彰俊（訳注）『プラトン著作集　ゴルギアス』岩波書店、一九六〇年（のち、岩波オンデマンドブックス、二〇一四年）。

オリュンピオドーロスについては、左記文献を参照した。

Norvin, William (ed.), *Olympiodori philosophi in Platonis Gorgiam Commentaria*, B. G. Teubner, 1966. なお、Westerin, L. G. (ed.), *Olympiodori in Platonis Gorgiam Commentaria*, B. G. Teubner, 1970 も参照した。

Jackson, Robin, Kimon Lycos, and Harold Tarrant (tr.), *Olympiodorus: Commentary on Plato's Gorgias*, translated with full notes, Brill, 1998.

翻訳

Croiset, Alfred (éd. et tr.), Gorgias / Ménon, in *Platon: Œuvres complètes*, tome 3, 2e partie, 7e éd., Collection Budé, 1960.

Hamilton, Walter and Chris Emlyn-Jones (tr.), *Plato: Gorgias*, Revised ed., Penguin, 2004.

Irwin, Terence (tr.), *Plato: Gorgias*, Oxford University Press, 1982 (repr.).

Lamb, W. R. M. (ed. and tr.), *Plato III: Lysis / Symposium / Gorgias*, Harvard University Press (Loeb Classical Library), 1967.

Zeyl, Donald J. (tr.) 1987, *Plato: Gorgias*, Hackett, 1987.

—— (tr.) 1997, *Gorgias*, in *Plato: Complete Works*, edited by John M. Cooper, Hackett, 1997, pp. 791-869.

加来彰俊（訳）一九六七『ゴルギアス』岩波書店（岩波文庫）、一九六七年。

——（訳）一九七四『ゴルギアス』、『プラトン全集』第九巻、岩波書店、一九七四年。

中澤務（訳）『ゴルギアス』光文社（光文社古典新訳文庫）、二〇二二年。

藤沢令夫（訳）『ゴルギアス——弁論術および正義の意味について』、田中美知太郎責任編集『プラトンⅠ』（「世界の名著」6）、中央公論社、一九六六年。

参考文献

Benson, Hugh H., "The Dissolution of the Problem of the Elenchus", *Oxford Studies in*

Ancient Philosophy, Vol. 13, 1995, pp. 45-112.

Bessarion, *In Calumniatorem Platonis Libri IV*, edidit L. Mohler, Scientia-Verlag, 1967.（ベッサリオン『プラトン批判者論駁』一四六九年頃）

Bolton, Robert, "Aristotle's Account of the Socratic Elenchus", *Oxford Studies in Ancient Philosophy*, Vol. 11, 1993, pp. 121-152.

Brickhouse, Thomas C. and Nicholas D. Smith, "Vlastos on the Elenchus", *Oxford Studies in Ancient Philosophy*, Vol. 2, 1984, pp. 185-195.

Carone, Gabriela Roxana, "Calculating Machines or Leaky Jars?: The Moral Psychology of Plato's *Gorgias*", *Oxford Studies in Ancient Philosophy*, Vol. 26, 2004, pp. 55-96.

Cooper, John M., "Socrates and Plato in Plato's *Gorgias*", in *Reason and Emotion: Essays on Ancient Moral Psychology and Ethical Theory*, Princeton University Press, 1999, pp. 29-75.

Diels, Hermann und Walther Kranz (hrsg.), *Die Fragmente der Vorsokratiker*, 16. Aufl., Bd. 2, Weidmann, 1972.

Diogenes Laertius, *Lives of Eminent Philosophers*, 2 vols., with an English translation by R. D. Hicks, Harvard University Press (Loeb Classical Library), 1979.

Erler, Michael, *Platon*, C. H. Beck, 2006.（ミヒャエル・エルラー『知の教科書　プラトン』三嶋輝夫・田中伸司・高橋雅人・茶谷直人訳、講談社（講談社選書メチエ）、二〇一五年）

Fussi, Alessandra 2000, "Why Is the *Gorgias* So Bitter?", *Philosophy & Rhetoric*, 33 (1), 2000, pp. 39-58.

—— 2002, “Socrates’ Refutation of Gorgias”, *Proceedings of the Boston Area Colloquium in Ancient Philosophy*, 17 (1), 2002, pp. 123-154.

Futter, D. B., “Shame as a Tool for Persuasion in Plato’s *Gorgias*”, *Journal of the History of Philosophy*, 47 (3), 2009, pp. 451-461.

Georgios Trapezuntios, *Comparationes Philosophorum Aristotelis et Platonis a Georgio Trapezuntio Viro Clarissimo*, Minerva, 1965.（ゲオルギオス・トラペズンティオス『アリストテレスとプラトン、両哲学者の比較』初版一五二三年）

Heinimann, Felix, *Nomos und Physis: Herkunft und Bedeutung einer Antithese im griechischen Denken des 5. Jahrhunderts*, 4. Aufl., Wissenschaftliche Buchgesellschaft, 1980.（F・ハイニマン『ノモスとピュシス――ギリシア思想におけるその起源と意味』廣川洋一・玉井治・矢内光一訳、みすず書房、一九八三年）

Kahn, Charles H., “Drama and Dialectic in Plato’s *Gorgias*”, *Oxford Studies in Ancient Philosophy*, Vol. 1, 1983, pp. 75-121.

Kraut, Richard, “Comments on Gregory Vlastos, ‘The Socratic Elenchus’”, *Oxford Studies in Ancient Philosophy*, Vol. 1, 1983, pp. 59-70.

Nails, Debra, *The People of Plato: A Prosopography of Plato and Other Socratics*, Hackett, 2002.

Penner, Terry, “Desire and Power in Socrates: The Argument of *Gorgias* 466A-468E that Orators and Tyrants Have No Power in the City”, *Apeiron*, 24 (3), 1991, pp. 147-202.

Polansky, Ronald, "Professor Vlastos's Analysis of Socratic Elenchus", *Oxford Studies in Ancient Philosophy*, Vol. 3, 1985, pp. 247-260.

Snell, Bruno, „Vita activa und Vita contemplativa in Euripides' *Antiope*", in *Szenen aus griechischen Dramen*, Walter De Gruyter, 1971, pp. 76-103.

Vlastos, Gregory 1967, "Was Polus Refuted?", *The American Journal of Philology*, 88 (4), October, 1967, pp. 454-460.

—— 1983, "The Socratic Elenchus", "Afterthoughts on the Socratic Elenchus", *Oxford Studies in Ancient Philosophy*, Vol. 1, 1983, pp. 27-58; 71-74.（G・ヴラストス「ソクラテスの論駁法（エレンコス）」、井上忠・山本巍編訳『ギリシア哲学の最前線Ⅰ』東京大学出版会、一九八六年）

—— 1994, "The Socratic Elenchus: Method Is All", in *Socratic Studies*, edited by Myles Burnyeat, Cambridge University Press, 1994, pp. 1-37.

Weiss, Roslyn, "Killing, Confiscating, and Banishing at *Gorgias* 466-468", *Ancient Philosophy*, 12 (2), 1992, pp. 299-315.

岩田靖夫『増補 ソクラテス』筑摩書房（ちくま学芸文庫）、二〇一四年。

田中伸司『対話とアポリア——ソクラテスの探求の論理』知泉書館（静岡大学人文学部研究叢書）、二〇〇六年。

田中享英「ポロスは論駁されなかったか——Gregory Vlastos, "Was Polus Refuted?" (1967) 批判」、『北海道大学文学研究科紀要』第一〇三号、二〇〇一年三月、一—四〇頁。

出村和彦「『ゴルギアス』篇における価値の構造についての一考察」、『倫理学年報』第三六集、日本倫理学会、一九八七年、三―一八頁。

中澤務『ソクラテスとフィロソフィア——初期プラトン哲学の展開』ミネルヴァ書房、二〇〇七年。

中畑正志 一九九四「「ソクラテスのエレンコス」への覚え書き」、『哲学論文集』第三〇輯、九州大学哲学会、一九九四年九月、一―二二頁。

—— 一九九七「対話と真理——「ソクラテスのエレンコス」への覚え書きII」、『古代哲学研究』第二九号、古代哲学会、一九九七年五月、一―二二頁。

納富信留『ギリシア哲学史』筑摩書房、二〇二一年。

三嶋輝夫 二〇〇〇「『ノモスとピュシス』——その倫理的意味」、『規範と意味——ソクラテスと現代』東海大学出版会、二〇〇〇年、三―三三頁。

—— 二〇〇五a『汝自身を知れ——古代ギリシアの知恵と人間理解』日本放送出版協会（NHKライブラリー）、二〇〇五年（特に、第7章「力と正義(1)——古代ギリシア人と現実政治（リアルポリティックス）」）。

—— 二〇〇五b「否定と超越——岩田靖夫氏のダイモニオン解釈」、『ギリシャ哲学セミナー論集』第二号、ギリシャ哲学セミナー、二〇〇五年三月、六六―七〇頁。

—— 二〇二一『ソクラテスと若者たち——彼らは堕落させられたか？』春秋社、二〇二一年。

宮崎文典「プラトン『ゴルギアス』における魂の秩序と行為の有益性」、『倫理学年報』第六〇集、日本倫理学会、二〇一一年、八五―九八頁。

吉田雅章 一九九三a「正義と知——プラトン『ゴルギアス』篇第一部の問題」、森俊洋・中畑正志編『プラトン的探究』九州大学出版会、一九九三年、四三―六〇頁。

――一九九三b「プラトン『ゴルギアス』篇の「正義」探求」、『哲学論文集』第二九輯、九州大学哲学会、一九九三年九月、二一―四〇頁。

その他

Liddell, Henry George and Robert Scott (eds.), *A Greek-English Lexicon*, Oxford University Press, 1996.

エウリーピデース『アンティオペー』、『ギリシア悲劇全集』第一二巻、岩波書店、一九九三年。

東谷優希「E・R・ドッズ「ソクラテス、カリクレス、ニーチェ」再考――果してニーチェは〝カリクレスの徒〟であったか?」、『倫理学年報』第六九集、日本倫理学会、二〇二〇年、一二九―一四三頁。

橋場弦『古代ギリシアの民主政』岩波書店(岩波新書)、二〇二二年。

訳者あとがき

訳者が『ゴルギアス』を初めて読んだのは、大学紛争の後遺症で授業もサボりがちだった大学三年生の頃だったかと思う。加来彰俊先生の御高訳（岩波文庫版）で読んだのだが、その議論のドラマティックな展開にすっかり引き込まれてしまった。この世にこれほど面白く刺激的な哲学書があるのかと驚き、興奮したのを覚えている。

その後、曲折を経て大学院に進み、そこで久保正彰先生の授業に参加させていただき、初めて『ゴルギアス』を原典で読む機会を得た。授業では当番を決めず、その場で誰かが志願して訳すのが常で、小生もカリクレスの演説を読むことになっていた週には、志願すべく万全の準備をして臨んだのであった。ところが、その日に限って、先生はわれわれの顔も見ずに御自身で訳し始められると、そのまま一気に最後まで訳しきられてしまった。はりきっていた小生としてはすっかり拍子抜けしてしまったが、今では懐かしい思い出である。

＊

今回の翻訳は、最初にお話をいただいてから一年あまり逡巡した末にお引き受けしたものである。逡巡の理由は、大袈裟なようだが、その予想される大変さから寿命を縮めることになるのではないかと危惧したからであるが、作品中にあるソクラテスの言葉──「〈いったいどれだけ生きながらえることができるのか〉といったことは、真の男子たる者は放念すべきであって、命を惜しむべきではない」（本書二〇三頁）──に押されて、お引き受けした次第である。

訳出にあたっては、高橋雅人専修大学文学部教授に訳文を原典にあたって逐一検討していただくとともに、互盛央氏には日本語の訳文を隅々までチェックしていただいた。お二人からいただいた数々の貴重なご指摘のおかげで、多くの不適切な箇所を訂正することができた。ご多忙な中、厄介な仕事をお引き受けくださったお二人に心より感謝申し上げる。また、いつもながら全体を入念に精査してくださった講談社校閲部に対し、厚く御礼申し上げる。

なお、本書を、名著『ノモスとピュシス』の著者であり、訳者のバーゼル大学留学時の恩師でもある故フェリックス・ハイニマン教授に、畏敬と感謝の念をもって捧げる。

二〇二三年一月　　三嶋輝夫

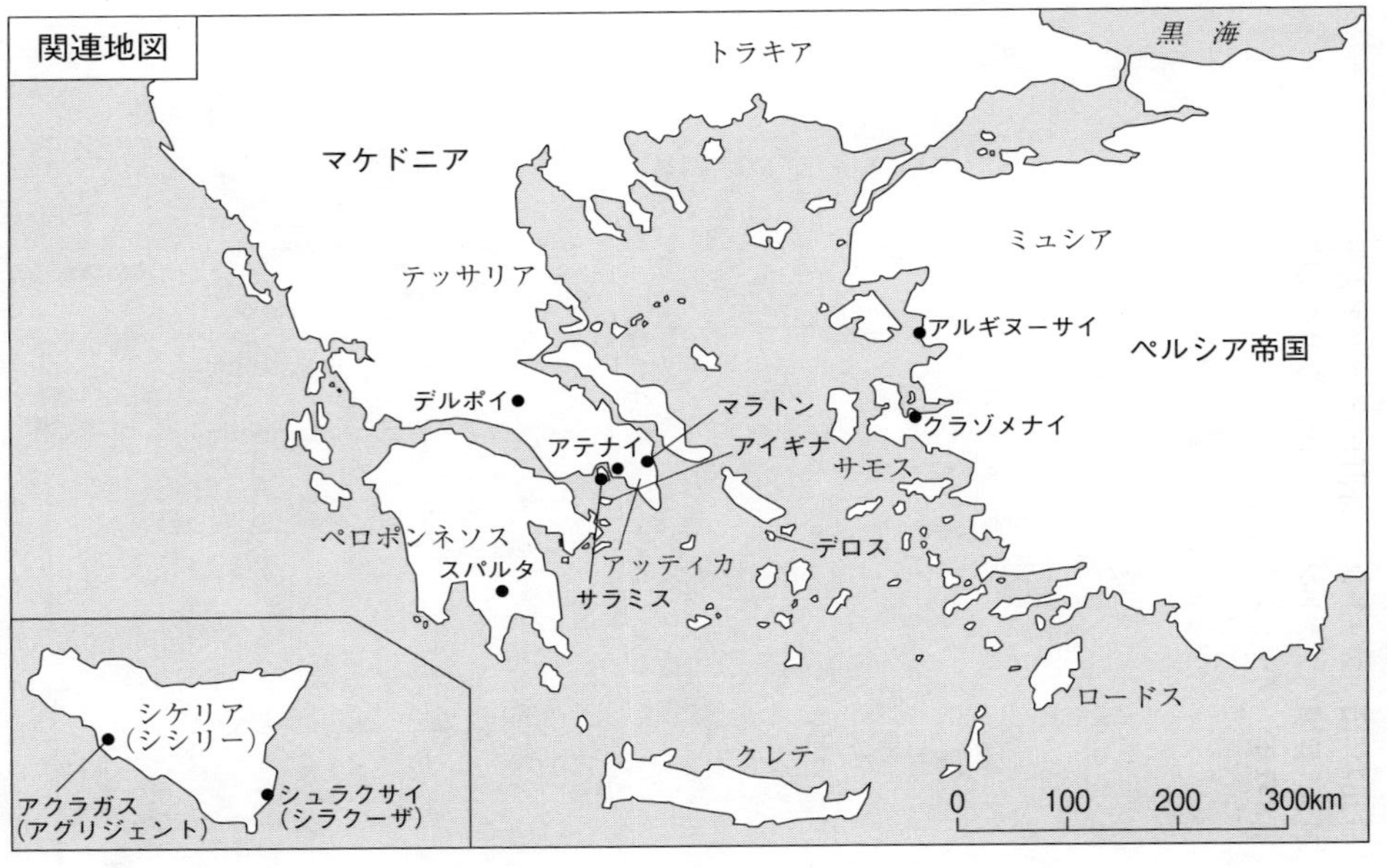
関連地図
トラキア
黒海
マケドニア
ミュシア
テッサリア
アルギヌーサイ
ペルシア帝国
デルポイ
マラトン
クラゾメナイ
アテナイ
アイギナ
サモス
ペロポンネソス
デロス
アッティカ
スパルタ
サラミス
ロードス
シケリア
（シシリー）
クレテ
アクラガス
（アグリジェント）
シュラクサイ
（シラクーザ）
0
100
200
300km

前367年頃　プラトン、二回目のシケリア訪問。
前361年頃　プラトン、三回目のシケリア訪問。
前347年　プラトン死去。

関連年表

前495年頃　ペリクレス生まれる。

前490年　ダレイオス一世によるペルシア軍の第一次ギリシア本土侵攻。マラトンの戦い。ミルティアデスの指揮により、アテナイ軍大勝利。

前480年　クセルクセス一世によるペルシア軍の第二次ギリシア本土侵攻。テミストクレスの指揮のもと、サラミスの海戦でアテナイ軍大勝。

前480年頃　ゴルギアス生まれる。

前469年　ソクラテス生まれる。

前431年　ペロポンネソス戦争勃発。

前429年　ペリクレス死去。

前427年　プラトン生まれる。

前415年　アテナイ軍、シケリアに遠征。ニキアス、ラマコス、アルキビアデスが指揮官に任命される。アルキビアデス、遠征途上でラケダイモン（スパルタ）に逃亡。

前413年　シケリアのアテナイ遠征軍、降伏。ニキアス処刑される。アルケラオス、マケドニアの王位に就く。

前411年　アテナイで四百人政権成立。

前406年　アルギヌーサイ沖海戦でアテナイ勝利。将軍たちの裁判。

前404年　アテナイ降伏。ペロポンネソス戦争終わる。アルキビアデス、亡命先で刺客に襲われ死去。

前399年　ソクラテス、裁判で死刑判決を受け、刑死。アルケラオス、側近に殺害される。

前389-388年頃　プラトン、一回目のシケリア訪問。

前387年頃　プラトン、アカデメイアに学園設立。

前380年頃　ゴルギアス死去。

＊本書は、講談社学術文庫のための新訳です。

プラトン

前427-前347年。古代ギリシアの哲学者。対話篇『ソクラテスの弁明』,『国家』など。

三嶋輝夫（みしま　てるお）

1949年生まれ。専門は，倫理学・ギリシア哲学。主な著書に『規範と意味』（東海大学出版会），『ソクラテスと若者たち』（春秋社）ほか。主な訳書に，プラトン『ラケス』,『アルキビアデス』,『クレイトポン』,『恋がたき』（以上，講談社学術文庫）ほか。

定価はカバーに表示してあります。

ゴルギアス

プラトン

三嶋輝夫（みしまてるお） 訳

2023年4月11日　第1刷発行

発行者　鈴木章一
発行所　株式会社講談社
東京都文京区音羽2-12-21 〒112-8001
電話　編集（03）5395-3512
販売（03）5395-4415
業務（03）5395-3615
装　幀　蟹江征治
印　刷　株式会社新藤慶昌堂
製　本　株式会社国宝社

ISBN978-4-06-531588-0

「講談社学術文庫」の刊行に当たって

これは、学術をポケットに入れることをモットーとして生まれた文庫である。学術は少年の心を養い、成年の心を満たす。その学術がポケットにはいる形で、万人のものになることは、生涯教育をうたう現代の理想である。

こうした考え方は、学術を巨大な城のように見る世間の常識に反するかもしれない。また、一部の人たちからは、学術の権威をおとすものと非難されるかもしれない。しかし、それはいずれも学術の新しい在り方を解しないものといわざるをえない。

学術は、まず魔術への挑戦から始まった。やがて、いわゆる常識をつぎつぎに改めていった。学術の権威は、幾百年、幾千年にわたる、苦しい戦いの成果である。こうしてきずきあげられた城が、一見して近づきがたいものにうつるのは、そのためである。しかし、学術の権威を、その形の上だけで判断してはならない。その生成のあとをかえりみれば、その根は常に人々の生活の中にあった。学術が大きな力たりうるのはそのためであって、生活をはなれた学術は、どこにもない。

開かれた社会といわれる現代にとって、これはまったく自明である。生活と学術との間に、もし距離があるとすれば、何をおいてもこれを埋めねばならない。もしこの距離が形の上の迷信からきているとすれば、その迷信をうち破らねばならぬ。

学術文庫は、内外の迷信を打破し、学術のために新しい天地をひらく意図をもって生まれた。文庫という小さい形と、学術という壮大な城とが、完全に両立するためには、なおいくらかの時を必要とするであろう。しかし、学術をポケットにした社会が、人間の生活にとってより豊かな社会であることは、たしかである。そうした社会の実現のために、文庫の世界に新しいジャンルを加えることができれば幸いである。

一九七六年六月

野間省一

西洋の古典

世界史の哲学講義 ベルリン 1822／23年(上)(下)
G・W・F・ヘーゲル著／伊坂青司訳

一八二二年から没年（一八三一年）まで行われた講義のうち初年度を再現。上巻は序論「世界史の概念」から本論第一部「東洋世界」を、下巻は第二部「ギリシア世界」から第四部「ゲルマン世界」をそれぞれ収録。

2502・2503

小学生のための正書法辞典
ルートヴィヒ・ヴィトゲンシュタイン著／丘沢静也・荻原耕平訳

ヴィトゲンシュタインが生前に刊行した著書は、たった二冊。一冊は『論理哲学論考』、そして教員生活を送っていた一九二六年に書かれた本書である。長らく未訳のままだった幻の書、ついに全訳が完成。

2504

言語と行為 いかにして言葉でものごとを行うか
J・L・オースティン著／飯野勝己訳

言葉は事実を記述するだけではない。言葉を語ることがそのまま行為をすることになる場合がある――「確認的」と「遂行的」の区別を提示し、「言語行為論」の誕生を告げる記念碑的著作、初の文庫版での新訳。

2505

老年について 友情について
キケロー著／大西英文訳

偉大な思想家にして弁論家、そして政治家でもあった古代ローマの巨人キケロー。その最晩年に遺された著作のうち、もっとも人気のある二つの対話篇。生きる知恵を今に伝える珠玉の古典を一冊で読める新訳。

2506

技術とは何だろうか 三つの講演
マルティン・ハイデガー著／森 一郎編訳

第二次大戦後一九五〇年代に行われたテクノロジーをめぐる講演のうち代表的な三篇「物」、「建てること、住むこと、考えること」、「技術とは何だろうか」を新訳で収録する。技術に翻弄される現代に必須の一冊。

2507

閨房の哲学
マルキ・ド・サド著／秋吉良人訳

数々のスキャンダルによって入獄と脱獄を繰り返し、人生の三分の一以上を監獄で過ごしたサドのエッセンスが本書には盛り込まれている。第一級の研究者がついに手がけた「最初の一冊」に最適の決定版新訳。

2508